Le complot des paranos

Airy Routier

Le complot des paranos

Albin Michel

Avertissement

Clearstream. En français, ruisseau limpide. Une affaire grave, qui implique le sommet de l'État. Pendant des semaines, quotidiens et hebdomadaires ont publié des procès-verbaux d'auditions, sorti des informations ébouriffantes, diffusé des interviews, relevé les contradictions et souvent les mensonges des uns et des autres. Le président a tenté d'éteindre l'incendie, son Premier ministre a attaqué la presse, démenti la vérité, son entourage a mis en cause le viol du secret de l'instruction et l'attitude des juges, tenté de faire passer l'agressé – Nicolas Sarkozy – pour complice de l'agression, cherchant tous les moyens pour faire diversion. Leur objectif : gagner du temps jusqu'à la coupe du monde de football et les vacances, comptant sur la lassitude et l'incompréhension de l'opinion face à une affaire compliquée, mais qu'ils ont embrouillée à dessein.

C'est la raison de ce livre : j'ai voulu mettre en perspective cette bataille de chiffonniers des leaders de la droite, avec l'utilisation de méthodes indignes d'une grande démocratie ; j'ai tenté de la rendre intelligible en me concentrant sur l'essentiel. Deux solutions : prendre le temps ou aller vite. La première, c'était entrer dans la stratégie de défense mise en place, qui laisse prévoir, pour dissuader les curieux, une instruction se déroulant sur plusieurs années. J'ai choisi la seconde, en acceptant le risque de ne pas pouvoir lever le voile sur les quelques zones d'ombre qui demeurent.

D'autant que j'avais l'avantage de connaître, parfois depuis plus de vingt ans, la plupart des protagonistes dans les industries de défense d'où est parti le scandale. J'avais, depuis des années, décortiqué les luttes de clan au sein du groupe Lagardère, ses batailles avec Thomson, et regroupé mes informations en vue d'un livre à venir. L'explosion de l'affaire Clearstream lui a donné une orientation et un sens nouveaux. Outre mon background et mes investigations personnelles, j'ai, pour les derniers soubresauts de l'affaire, travaillé sur le matériel publié dans de nombreux journaux.

J'ai choisi, en ce qui me concerne, de remonter jusqu'à « l'affaire des frégates » au tout début des années quatre-vingt-dix, pour dévoiler les origines d'un complot, dès lors moins impénétrable qu'il n'y paraît.

Un mot enfin sur le viol du secret de l'instruction, qui n'a pas manqué d'être reproché à la presse. Toujours illégal, il est, dans l'affaire Clearstream, plus que dans toute autre, pleinement légitime. Pour une question de tempo et pour une question de fond. Faudrait-il attendre que passe la justice, dans deux, trois ou cinq ans ? Surtout, comment gérer le décalage abyssal entre la réalité des peines encourues et la gravité des faits ? Dans cette affaire, il n'est question en effet que de dénonciation calomnieuse, d'entrave à la justice et, au pire, de faux et d'usage de faux. Des délits sanctionnés de peines minimes, parfois inexistantes, comme dans le cas de l'article 40 du code pénal obligeant le détenteur de toute autorité qui a connaissance d'un crime ou d'un délit à en avertir le procureur de la République.

Mais s'il est avéré, comme je le crois, que l'appareil d'État a été mis au service d'intérêts particuliers ; que les services secrets ont participé à la falsification de documents ; que, pour nuire à Nicolas Sarkozy, Jacques Chirac et Dominique de Villepin ont été à l'origine de ces falsifications ou simplement que, tout en les sachant faux, ils ont tenté d'en tirer parti sur le plan politique : alors c'est bien d'un véritable scandale national dont il s'agit. Une certitude, sauf à imaginer que tous les procès-verbaux publiés sont, eux aussi, des faux : le Premier ministre n'a cessé de mentir, pour préserver son avenir et pour protéger le chef de l'État. Et l'on voudrait masquer tout cela sous le voile impudique du secret de l'instruction ?

Chapitre 1

« Si tes journalistes avaient des couilles, Sarkozy serait mort »

« Commissions, trafics et pots-de-vin, nos révélations sur un incroyable scandale » : le 8 juillet 2004, la une du *Point* est consacrée à « l'affaire d'État qui fait trembler toute la classe politique ». Sur dix pages, pour la première fois, l'hebdomadaire jette sur la place publique les principaux éléments d'une histoire folle qui, deux ans plus tard, fera vaciller la République. Ce psychodrame mettra au jour la violence insoupçonnée des haines recuites, au sommet de l'État, entre deux camps qui se déchirent à droite ; entre de grands groupes industriels ; et entre les services secrets. Une affaire qui va dévoiler les méthodes de république bananière prévalant toujours en France ainsi que l'usage dévoyé du secret défense, invoqué pour protéger les intérêts essentiels du pays mais souvent utilisé comme paravent pour cacher une corruption massive, qui s'est concentrée dans le secteur des ventes d'armes, son dernier et meilleur refuge, parce qu'il était jusque-là bien à l'abri des investigations de la justice et de la presse.

Plus grave, cette affaire permettra de démasquer, deux ans plus tard, outre une série de désinformations et manipulations en tout genre, un certain nombre d'hommes qui, au cœur du pouvoir, par haine ou par folie, n'ont pas hésité à utiliser les services secrets pour promouvoir leurs intérêts personnels ou pour des objectifs de basse politique politicienne. Elle donnera un coup de projecteur sur les pratiques surprenantes – et pourtant habituelles – de certains juges, pour qui la fin justifie les moyens. Pratiques souvent connues des journalistes qui travaillent avec eux, mais que ceux-ci s'abstiennent de rendre publiques pour ne pas se couper de leurs sources. Elle montrera aussi les deux facettes d'une même réalité : d'un côté, des hommes sans scrupule, dans le monde des affaires comme dans celui de la politique, capables de tout pour s'entre-détruire, mais qui peuvent se montrer, en même temps, d'une naïveté et d'un amateurisme confondants. On y verra aussi des agents secrets à la réputation solide se comporter comme des Mickey. Enfin, cette affaire scellera l'échec cuisant d'un Premier ministre dont nul n'aurait pu imaginer, compte tenu de sa stature internationale et de ses compétences présumées, qu'il tomberait en quelques mois dans les sondages au niveau dérisoire atteint en 1992 par Édith Cresson, brouillonne et incompétente, que François Mitterrand avait nommée à Matignon, comme par le fait du Prince, en partie pour humilier son prédécesseur Michel Rocard.

Mais de Dominique Galouzeau de Villepin, dans *Le Point*, en ce mois de juillet 2004, il n'est pas question. Pas plus que de Nicolas Sarkozy, d'ailleurs. L'article raconte simplement, et c'est déjà beaucoup, comment le juge Renaud Van Ruymbeke, qui enquête depuis des années sur les commissions pharaoniques versées à l'occasion de la vente, en 1991, par Thomson-CSF (devenue Thales) de six frégates à Taïwan, a reçu une lettre qui dénonce, parmi d'autres, « une vingtaine de personnalités politiques, du monde des affaires et des personnages mêlés à des trafics d'armes [...] ayant ouvert des comptes secrets douteux au Luxembourg ». Les transferts massifs auraient été opérés à travers « le centre névralgique de la finance planétaire : Clearstream », dont le magazine se demande s'il ne s'agirait pas de « la plus grande lessiveuse d'argent sale au monde ». Et d'expliquer que cette « chambre de compensation » basée au Luxembourg est en quelque sorte la « banque des banques » qui leur permet d'échanger de l'argent et des valeurs, sans transférer physiquement la totalité de celles-ci, mais en calculant chaque jour le solde de leurs transactions, grâce à la magie des ordinateurs de grande puissance. Pédagogue, le corbeau explique au juge que le système Clearstream « permet d'effectuer toute opération financière à partir de tout terminal y compris portable, dans toute zone connectée au réseau Internet ».

L'hebdomadaire publie un certain nombre de noms que le mystérieux corbeau a dénoncés au juge Van Ruymbeke : ceux qui peuvent être concernés par les commissions versées à l'occasion de la vente des frégates à Taïwan et qui, de ce fait, intéressent le juge au premier chef. Il y a un certain Andrew Wang, intermédiaire des ventes d'armes à l'île nationaliste, qualifié de « correspondant de longue date de la CIA » et présenté comme l'initiateur du système dénoncé ; sont également cités Alain Gomez, l'ancien président de Thomson, Pierre Martinez, ex-responsable de la sécurité du groupe d'électronique militaire « Thomson-CSF », ancien patron de la brigade financière. Mais le corbeau, révèle *Le Point*, désigne aussi l'oligarque russe déchu Mikhaïl Khodorkovski, patron du géant pétrolier Ioukos, le vice-président d'Airbus Philippe Delmas, ancien conseiller de Jean-Pierre Chevènement à la Défense et de Roland Dumas au Quai d'Orsay, le milliardaire américain Marc Rich, trader en pétrole, accusé d'une gigantesque fraude fiscale mais gracié par Bill Clinton quelques heures avant la fin de son mandat présidentiel. « Des liens financiers avec des familles colombiennes sont aussi évoqués, ainsi que des parrains russes, est-allemands et ouzbeks, sans plus de précision, ajoute *Le Point* : pour étayer ses accusations, le corbeau attribue à chaque nom un ou plusieurs numéros de compte. Manière de dire au juge : à vous de vérifier ! »

Ce qu'il fera immédiatement en envoyant des commissions rogatoires aux autorités judiciaires luxembourgeoises et suisses. Mais Van Ruymbeke n'a pas le temps d'attendre les réponses. Il lui faut du concret, et vite. Il se focalise – on saura plus tard pourquoi – sur Philippe Delmas, bras droit du patron d'Airbus Noël Forgeard, au milieu des dizaines de suspects possibles.

Deux mois avant cet article, le vendredi 7 mai 2004, quatre jours après avoir reçu sa première lettre anonyme, tout l'état-major de Lagardère, d'EADS et d'Airbus est réuni à Toulouse pour assister à l'inauguration, par le Premier ministre Jean-Pierre Raffarin, de l'usine Jean-Luc-Lagardère où sera assemblé le futur A-380, le géant des airs. La cérémonie terminée, alors que les huiles reviennent à Paris dans des avions privés où le champagne coule à flots, sur ordre du juge Renaud Van Ruymbeke, la gendarmerie maritime interpelle Philippe Delmas à l'aéroport de Blagnac, où il s'apprête à prendre un vol régulier. Il fera le voyage entre deux gendarmes.

Le juge ne savait pas que l'inauguration avait lieu ce jour-là. Quand les gendarmes l'ont prévenu, il leur a demandé de ne pas perturber son déroulement et de se poster à l'aéroport. Van Ruymbeke marche sur des œufs. Il ne fait pas partie de la catégorie des magistrats qui peuvent placer quelqu'un en garde à vue et en détention sur une simple dénonciation « anonyme », aussi précise soit-elle. Il veut des éléments de preuve. Le lendemain matin, il fait procéder à une perquisition approfondie. L'ordinateur personnel et le téléphone portable du numéro 2 d'Airbus sont saisis, son domicile est fouillé de fond en comble. Mais très vite, dans l'après-midi, le juge demande aux gendarmes de le libérer. Il veut attendre les résultats des expertises avant d'aller plus loin.

Delmas, lui, ne comprend pas ce qu'on lui veut ; il n'a pas de compte à l'étranger, ne sait rien de tout cela. Il ne se démonte pas. Certes, l'homme a des nerfs et de l'endurance : c'est un alpiniste chevronné, familier des hauts sommets de l'Himalaya. Mais Van Ruymbeke a vite le sentiment que la tranquillité affichée de son interlocuteur est celle d'un innocent. Le téléphone portable et l'ordinateur parleront-ils ? Plus tard, *Le Point* qualifiera leur analyse de « décevante », laissant cependant la porte ouverte en relayant les doutes d'un « enquêteur », source assez transparente, puisqu'il s'agit du corbeau lui-même : « Avec le phénomène des clés USB, ces mini-disques durs dans lesquels on peut stocker de nombreux fichiers et que l'on glisse dans sa poche après les avoir utilisés, on ne trouve plus rien dans les ordinateurs. »

Van Ruymbeke connaît – mais on est loin, alors, de savoir à quel point ! – le contexte industriel dans lequel évolue Philippe Delmas : tous ceux qui suivent les problèmes des industries de défense, même de loin, vivent au rythme de la guerre à couteaux tirés que se livrent deux anciens Lagardère boys pour la prééminence au sein d'EADS : patron d'Airbus, filiale à 80 % du groupe franco-allemand, Noël Forgeard vise la place de Philippe Camus, coprésident du directoire d'EADS et donc, sur le papier, son supérieur. Deux clans se sont formés autour de chacun, le premier dirigé par Philippe Delmas, le second par Jean-Louis Gergorin, directeur de la stratégie d'EADS.

Jadis amis, tous deux anciens du Quai d'Orsay, ils sont, chacun à sa façon, « proches des services spéciaux », comme on dit pudiquement. Faute, sans doute, d'être en situation d'occuper seuls le devant de la scène, tous deux adorent agiter les forces occultes, faire jouer leurs capacités d'influence et tirer les ficelles, quitte parfois à les embrouiller. Tous deux sont des spécialistes en désinformation. Et tous deux, bien entendu, se détestent, comme se haïssent leurs champions respectifs, Forgeard et Camus.

Comme tout le monde, les journalistes du *Point* connaissent ce contexte particulier où tous les coups sont permis. Déjà, le soupçon transparaît, entre les lignes : « Un proche de Camus, il est vrai habitué des "coups" tordus, se trouve suspecté par le Tout-Paris d'être le corbeau, dans le but de nuire à Noël Forgeard... » Il est vrai qu'une autre piste est évoquée, toujours à mots couverts. « Les partenaires allemands d'Airbus se frottent les mains : auteur remarqué de *De la prochaine guerre avec l'Allemagne*, Delmas n'est pas apprécié outre-Rhin où son arrestation fait grand bruit. » L'hebdomadaire note que Clearstream appartient à la Deutsche Börse, la société de Bourse allemande. Une troisième hypothèse, enfin, n'est pas signalée, bien qu'elle circule dans les milieux de la défense : et si le corbeau était lié aux intérêts américains, alors qu'Airbus est en passe de surclasser Boeing sur le marché mondial des avions civils ?

Mais l'hypothèse principale reste bien celle d'un coup bas dans la bataille des Lagardère boys. Qui est le corbeau ? *Le Point* se garde bien d'écrire le nom de Jean-Louis Gergorin, pourtant clairement identifiable entre les lignes. Symétriquement, l'hebdomadaire s'abstient de publier d'autres noms de personnes dénoncées noir sur blanc dans la lettre du corbeau, se contentant de mettre l'eau à la bouche de ses lecteurs : « Au premier rang des cibles ainsi désignées figurent notamment deux anciens ministres socialistes, un de la droite libérale, un ex-patron de la DST, un préfet, un ex-flic des Renseignements généraux, le fils d'un ancien ministre de l'Intérieur, le père d'un membre du gouvernement, un essayiste homme d'affaires en vue... Si ces révélations explosives se vérifiaient, c'est une bonne partie de la République qui serait ébranlée. »

« Si ces révélations explosives se vérifiaient »... Dès ce moment, il ne s'agit pas simplement d'une simple clause de style que les journalistes utilisent volontiers pour se prémunir d'éventuelles poursuites judiciaires.

Bien sûr, il leur est difficile de clouer au pilori, sans autres sources qu'une dénonciation anonyme envoyée à un juge, des personnalités politiques de la stature de Dominique Strauss-Kahn, Jean-Pierre Chevènement, Alain Madelin ou Nicolas Sarkozy, celui-ci étant désigné par le corbeau sous les deux patronymes de Paul Nagy et Stéphane Bocsa qui pourraient désigner son père, un affairiste, aussi bien que lui, dont le nom complet est Nicolas, Stéphane Sarközy de Nagy-Bocsa.

Les signataires de l'article du *Point* – Jean Guisnel, spécialiste de la défense et des « services », Jean-François Jacquier, du service économique, Laurent Léger et Lucien Lambert, pigistes – sont électrisés par l'importance de leur scoop. Mais ils se posent en même temps des questions. Tout simplement parce qu'ils devinent que l'intérêt de Jean-Louis Gergorin, une de leurs sources et corbeau présumé, est peut-être de mouiller des hommes politiques de premier rang dans ce conflit de pouvoir industriel où ils ne jouent aucun rôle.

Fallait-il publier ou non les noms des quatre hommes politiques dénoncés anonymement ? L'intérêt journalistique poussait à le faire, la déontologie et la prudence à s'y refuser. Comment la décision, in fine, a-t-elle été prise ? La rédaction s'est violemment divisée, comme souvent dans ce genre de situation : d'un côté, ceux qui voulaient à tout prix publier les noms des quatre hommes, à commencer par celui de Nicolas Sarkozy, estimant que l'hebdomadaire lui avait été jusque-là trop favorable ; de l'autre, ceux qui, comme Michel Colomès, directeur de la rédaction, tentaient de calmer le jeu, se méfiant des risques d'un emballement excessif. Franz-Olivier Giesbert, directeur du journal, alors dans le Midi – il traversait une période difficile qui l'écartait momentanément de la gestion au jour le jour –, est appelé à trancher. Il remonte dare-dare à Paris par le premier TGV pour entendre les journalistes, choisir la une, relire les articles et décider de ce qu'on peut publier ou non. De loin, par nature, il était plutôt favorable à la publication des noms litigieux. Mais, arrivé à Paris, il mène rapidement sa propre enquête et se rend compte que les informations ont été livrées sur un plateau, simultanément, à des journalistes travaillant dans des secteurs différents. Sources judiciaire, militaro-industrielle, mais aussi cellule noire de l'Élysée où officient, entre autres, le préfet Philippe Massoni et Yves Bertrand, longtemps inamovible patron des Renseignements généraux (RG).

Franz-Olivier Giesbert, surnommé FOG par ses confrères, décide au flair : c'est la marque des bons journalistes dans ce genre de situation insaisissable. Cette simultanéité lui paraît suspecte. Son journal serait-il la cible d'une manipulation concertée ? Il tranche en faveur de son directeur de la rédaction : on publiera les noms de ceux qui sont dans la mouvance des industries de l'armement, pas ceux des hommes politiques, faute de preuve et de mobile apparent. La décision est tardive. La preuve ? En prévenant le ministère de l'Intérieur, c'est-à-dire Dominique de Villepin, avant publication, de l'existence et du contenu de l'article, le directeur de la DST comme celui des RG ont fait une erreur : ils pensaient que les noms des hommes politiques, dont le sien, seraient publiés.

Autre controverse, qui prendra tout son sens à la lumière de ce qui se passera en 2006 : le scoop du *Point* lui a-t-il été apporté, directement ou indirectement, par Dominique de Villepin ? C'est ce que croit le Tout-Paris. En glosant sur le fait que le Premier ministre et le patron du journal étaient alors proches. Cette hypothèse d'un apport du scoop, tout emballé, par Dominique de Villepin en personne, évoquée aussi par quelques journalistes du *Point*, est totalement réfutée par Jean Guisnel, l'un des signataires de l'article. Mais sa source n'en est pas éloignée. Franz-Olivier Giesbert conteste absolument, lui aussi, avoir été alimenté directement par le ministre des Affaires étrangères. Il le conteste d'autant plus qu'une autre rumeur court dans tout Paris, après la publication de son livre, *La Tragédie du président*[1], dans lequel il étrille avec violence, rigueur et bonheur, parmi d'autres, le personnage singulier de l'ancien secrétaire général de l'Élysée, devenu Premier ministre par la grâce de Chirac et contre l'avis de Bernadette : découvrant qu'il avait été manipulé – puisqu'on sait aujourd'hui que la liste reçue par le juge Van Ruymbeke et publiée par *Le Point* était un faux destiné à nuire –, Giesbert se serait tout simplement vengé d'avoir été trahi et pris pour un imbécile.

Le patron du *Point* ne s'est pas gêné pour affirmer, dans son livre, que Villepin l'a enjoint, à plusieurs reprises, après la publication de l'article du 8 juillet, de publier les noms des hommes politiques dénoncés par le corbeau, à commencer par celui de Nicolas Sarkozy. Il le répétera même dans un éditorial[2] en posant des questions cruelles alors que le Premier ministre est attaqué de toutes parts. « S'il n'a pas fomenté l'affaire, pourquoi l'a-t-il laissée courir ? Peut-il certifier qu'il n'a jamais dit à l'auteur de ces lignes, ni à personne, à la mi-juillet 2004, alors même que le bidonnage était établi : "Sarkozy, c'est fini. Si les journaux font leur travail, il ne survivra pas à cette affaire-là" ? » En privé, Giesbert rapporte même oralement des propos plus crus que lui aurait tenus Dominique de Villepin : « Si tes journalistes avaient des couilles, Sarkozy serait

1. Flammarion, 2006.
2. *Le Point*, 4 mai 2006.

mort. » Au reste, des injonctions de cette nature auraient été proférées aux responsables de plusieurs autres rédactions. Dès lors, on voit mal pourquoi le patron du *Point* se serait privé de dire, si tel avait été le cas, que le Premier ministre avait été l'un des initiateurs, non masqué, de cette opération de désinformation nuisible à son rival.

Franz-Olivier Giesbert a agi au feeling et sans doute, ce jour-là, sauvé le crédit de son journal en même temps que le sien. Car s'il avait accepté que le nom de Sarkozy soit cité, à ce moment précis, s'il avait décidé de mettre son visage à la une, comme certains l'y poussaient, il se serait trouvé compromis dans l'une des plus graves opérations de déstabilisation réalisées par le pouvoir depuis des années. Objectif de cette manipulation : empêcher Sarkozy de réussir sa conquête de l'UMP. À tout prix. Même au prix de l'honneur d'un organe de presse comme *Le Point*. Au départ, *Le Monde* avait été choisi comme vecteur de cette désinformation. Mais l'un des comploteurs a décidé de changer de cible, pour épargner le quotidien du soir ainsi qu'Edwy Plenel, qui était encore son directeur de la rédaction, et par ailleurs un des – très – rares journalistes appréciés par Villepin.

Même sans les noms des politiques, ce 8 juillet, l'article du *Point*, dont Dominique de Villepin, alors ministre de l'Intérieur, a été informé trois jours plus tôt, à l'aéroport de Villacoublay, au moment où il partait pour un sommet du G5 à Sheffield, provoque un véritable séisme dans les milieux des industries de l'armement comme dans le monde politique. Pourtant, l'existence des lettres de dénonciation mettant en cause de hautes personnalités, adressées au juge Van Ruymbeke, avait été révélée, au cours des semaines précédentes, dans *La Lettre de l'Expansion* d'abord, et par l'Agence France Presse et *Le Monde*, le 14 mai. Puis dans *Le Figaro*, en juin, de façon plus explicite puisqu'il y était écrit que quatre personnalités politiques de premier rang étaient compromises.

En revanche, la deuxième partie du dossier du *Point* passe largement inaperçue alors que, rétrospectivement, elle ne manque pas d'intérêt. Titrée « Voyage au cœur de la grande lessiveuse d'argent sale », elle se résume à un texte de trois pleines pages de Denis Robert. Ancien journaliste d'investigation à *Libération* devenu écrivain et cinéaste, il a été le premier à dénoncer « le scandale Clearstream » dans deux livres publiés en 2001 et 2002[1] et dans deux films diffusés sur Canal+. Denis Robert y raconte « ses années d'enquête sur la banque des banques » et les « galères que son acharnement lui a values. Clearstream, affirme-t-il, c'est la boîte de Pandore des affaires pourries ». La société luxembourgeoise a toujours contesté ces accusations, affirmant que son fonctionnement limitait au maximum les risques de blanchiment. Reste que la polémique a été violente.

Le travail, à maints égards remarquable, réalisé par cet enquêteur habité par les sujets sur lesquels il travaille, va indirectement être à l'origine du scandale. Mais le ton employé et les phrases prononcées, à la fin de son article, résonnent aujourd'hui bizarrement : « Nous en étions là, en mai 2004. Deux livres, deux films, des procès, des commissions d'enquête qui

1. *Révélation$* et *La Boîte noire*, publiés tous deux aux éditions Les Arènes.

échouent... J'en étais à me dire que, finalement, tout était vain quand un journaliste me téléphone : "Salut, le corbeau, bravo pour ta lettre..." J'ai cru à une blague. Le journaliste venait de lire *Le Monde*. C'était le 14 mai. Ce quotidien, qui avait mené campagne contre nous trois ans plus tôt, annonçait la nouvelle de l'envoi d'une première lettre anonyme au juge français Van Ruymbeke [...]. Depuis, d'autres courriers du corbeau sont parvenus au juge, tendant à confirmer l'existence d'un système de dissimulation de transactions que mes amis et moi ne cessons de dénoncer depuis quatre ans. » Et Denis Robert conclut ainsi : « Même si la méthode, un corbeau dans la finance, est limite, je crois qu'il n'y en avait pas d'autre pour qu'éclate enfin ce qui, à mes yeux, est la plus grande arnaque financière jamais racontée [...]. Si on laisse les juges faire leur travail, et si le corbeau reste vivant et actif, les révélations vont pleuvoir et le scandale irrémédiablement enfler. Car si Clearstream est la banque des banques, l'affaire Clearstream est bien l'affaire des affaires... »

Denis Robert niera – en particulier devant les juges – être lui-même le corbeau et, a fortiori, avoir participé au maquillage ou avoir eu connaissance des fausses listes de comptes Clearstream adressées au juge Renaud Van Ruymbeke. Mais il reste qu'à ce stade, en juillet 2004, l'enquêteur se félicitait ouvertement du travail accompli par le volatile. Il est vrai que tout semblait indiquer l'existence d'une immense affaire mêlant tous les ingrédients d'un feuilleton à rebondissement.

Chapitre 2

L'obsession d'un enquêteur

« Un système de dissimulation d'opérations bancaires a été mis en place au niveau mondial et est toujours utilisé, avec l'aval de dirigeants de banques, de directeurs financiers, d'administrateurs de société et d'hommes politiques influents » : sorti en librairie le 28 février 2001, le livre *Révélation$*, signé Denis Robert et Ernest Backes, attaque de front la société Clearstream – un jeu de mots, en anglais qui signifie à la fois « chambre de compensation » ou « torrent d'eau claire ». Celle-ci est en tout cas présentée comme « la banque des banques » qui se targue de détenir plus de 9 000 milliards d'euros d'actifs dans ses comptes. De fait, Clearstream se définit comme « la première centrale internationale de compensation et de règlement-livraison d'obligations et d'actions à l'échelle nationale et internationale » mais ne cherche pas la publicité, bien au contraire. Il s'agit d'une institution discrète, logée alors dans une maison banale, au coin de deux rues de la ville de Luxembourg. Une simple chambre de compensation, comme il en existe notamment dans les Bourses de tous les pays. Créée en 1971 sous le nom de Cedel, elle permet à de nombreuses banques clientes, réparties partout dans le monde – au départ, elles seules étaient habilitées à détenir des comptes dans ses livres – de limiter le transfert physique de la totalité des titres et des fonds qui s'échangent quotidiennement tout autour de la planète. Ses ordinateurs de grande puissance calculent, en temps réel, les soldes de toutes ces opérations, en fonction de quoi sont crédités ou débités les comptes des banques clientes. Avec une autre chambre de compensation, Euroclear, Clearstream est l'un des principaux outils, en théorie transparent et neutre, de la mondialisation de l'économie et des échanges.

Mais, selon Denis Robert et Ernest Backes, un ancien cadre de la société, ce système a été dévoyé, de deux manières. D'une part, outre les banques ayant pignon sur rue, d'autres, logées dans des paradis fiscaux, ont été introduites dans le système, ainsi que des entreprises et même des particuliers. D'autre part, les auteurs affirment avoir découvert l'existence de comptes secrets, appelés comptes « non publiés », qui prolifèrent dans les paradis fiscaux et permettent à leurs détenteurs de dissimuler des activités illicites et même criminelles. Alors qu'en février 2001, les deux tours du World Trade Center dominent toujours New York, les auteurs évoquent le financement du terrorisme, le blanchiment de l'argent de la drogue, la corruption de chefs d'État et de hauts fonctionnaires étrangers par les grandes compagnies pétrolières ainsi que le transfert en Occident des milliards de dollars captés par les oligarques russes qui se sont approprié les biens publics lors de l'effondrement de l'URSS. Sans oublier, bien entendu, la fraude fiscale à grande échelle.

Pour étayer leurs assertions, les auteurs font état d'une liste qu'ils détiennent et qui répertorie l'intégralité des comptes officiels de Clearstream, de 1995 à 2000 et, aussi nombreux, de ceux qui sont « non publiés », ainsi que les transactions entre ces comptes, toutes sauvegardées sur microfiches. En l'an 2000, la société gérait 15 000 comptes, tenus par 2 484 clients répartis dans 105 pays. Parmi les clients douteux cités dans le livre, on trouve Rivunion, cette discrète société suisse, filiale d'Elf, par laquelle ont transité de nombreuses commissions illicites, avant, pendant et après la période où Loïk Le Floch-Prigent dirigeait l'entreprise publique. La banque espagnole Banesto, la banque russe Menatep, à la sulfureuse réputation, et qui appartient à l'époque à l'oligarque russe Michaël Khodorkovski, propriétaire du groupe pétrolier russe Ioukos, ou bien le groupe italien Agusta, producteur d'hélicoptères présenté comme « fabricant d'armes », apparaissaient aussi. Le livre révèle, par exemple, qu'en août 1991, un mois après la faillite frauduleuse de la BCCI, une banque pakistanaise accusée de nombreuses malversations et de financement d'organisations terroristes par les États-Unis, des mouvements de titres pour un montant de 100 millions de francs auraient été effectués en direction d'un compte « non publié » de la Banque générale du Luxembourg. Alors même que la BCCI était placée sous séquestre.

En France, les auteurs du brûlot ont répertorié 185 comptes pour l'année 1995, dont 57 étaient « non publiés » : « Au printemps 2000, d'après nos sources, Clearstream gérait 1 151 comptes de clients domiciliés en France. Plus de 600 n'étaient pas publiés », affirment Denis Robert et Ernest Backes qui citent le Crédit Lyonnais, « champion des comptes non publiés », la Caisse des dépôts et consignations, la Caisse nationale du Crédit agricole, BNP-Paribas, la Société Générale, la Caisse centrale des banques populaires, Natexis banque, le groupe hôtelier Accor, Air Liquide, etc. Mais aussi la Banque de France.

Denis Robert a participé, en 1996, aux côtés de magistrats venus de plusieurs pays européens (France, Suisse, Italie, Belgique et Espagne) dont le juge Renaud Van Ruymbeke, à l'appel de Genève, qui visait à obtenir une coopération plus approfondie et plus rapide entre les différentes justices nationales pour mieux lutter contre la délinquance financière. Il a rédigé son livre à partir du témoignage et des documents que lui a fournis Ernest Backes, ancien numéro trois de Clearstream, licencié en 1983, dix-huit ans plus tôt, qui se présente comme l'un des concepteurs du système de compensation de la société. L'homme assure savoir comment le système a dérivé et par quelles techniques, par la suite, il s'est dévoyé en un réseau opaque de circulation garantissant l'anonymat de ceux qui en profitent.

Sûrs de détenir un scoop énorme, de nature à donner des atouts décisifs aux juges d'instruction, à affoler et à confondre tous les grands corrompus de la terre, sans doute les deux hommes s'attendaient-ils à une énorme couverture de presse et à un concert de louanges. Aussi, le 26 février 2001, en début d'après-midi, Denis Robert et Ernest Backes sont-ils tombés de haut. Certes, le journal *Le Monde* a fait ce jour-là sa une sur la sortie de leur livre – ce qui est rare –, mais c'était pour mieux le démolir, ce qui est encore moins fréquent. À l'origine, le journal avait prévu de publier les bonnes feuilles du livre et y a renoncé, après lecture. Sous un titre choc, le journal se livre à un véritable assassinat. Il pointe une grosse erreur au milieu des comptes de Clearstream : celui qu'aurait détenu la DGSE. Tous les fantasmes sont permis. En réalité, Denis Robert a confondu les services secrets français avec la très calme direction générale des services étrangers de la Banque de France, chargée officiellement des transferts d'argent entre la France et l'étranger. Le journaliste, homme entier et habité par son combat, considère que c'est un point de détail dont *Le Monde* s'est servi pour discréditer son enquête.

Pour lui comme pour son coauteur, *Le Monde* leur a donné « un véritable coup de poignard dans le dos ». Car le quotidien du soir, à cette époque plus que jamais, est leader en matière d'investigation dans les zones d'ombre de la société et des pouvoirs. Ses dérives et ses excès n'ont pas encore été étalés par Pierre Péan et Philippe Cohen dans leur livre *La Face cachée du Monde*[1], enquête peu confraternelle et elle aussi souvent excessive qui dessillera néanmoins les yeux de toute une catégorie de lecteurs qui entretenaient jusque-là avec leur journal des rapports de dévotion aveugle. *Le Monde* de 2001 n'est plus l'organe de référence pour la diplomatie et la politique intérieure, comme on le qualifiait jadis, mais sa prééminence dans le domaine des affaires n'est alors guère contestée. Sous l'impulsion d'Edwy Plenel, avec Hervé Gattegno aux manettes, en parfaite symbiose avec les milieux judiciaires et policiers – c'est un euphémisme –, *Le Monde* est le grand pourvoyeur d'informations exclusives, le plus souvent exactes, même si elles

1. Fayard, 2003.

sont parfois montées « en une » de façon un peu forcée et non dénuée d'objectifs politiques. Le journal, quoi qu'il en soit, est en pointe dans la lutte contre la corruption, avec une sévérité toute particulière lorsqu'elle est censée être pratiquée par les socialistes à gauche et les chiraquiens à droite. Un homme est, en permanence, dans le collimateur : le chef de l'État. Même si c'est souvent à juste titre, tant Jacques Chirac s'est toujours montré léger vis-à-vis de l'usage de l'argent public comme de la morale commune, il est patent qu'en s'attaquant directement au monarque républicain, *Le Monde* place la barre au plus haut, pour se hisser, lui-même, au même niveau. Le syndrome du Watergate, qui a permis au *Washington Post* d'acculer Richard Nixon à la démission, reste dans le subconscient de tous les journalistes d'investigation, à commencer par ceux du *Monde*, dont certains se vivent plus comme acteurs que comme spectateurs de la vie politique.

Quant aux journalistes des autres rédactions, s'ils sont souvent agacés d'être devancés par le quotidien du soir, ils sont néanmoins impressionnés par le travail du journal. Les articles sont nourris par un réseau exceptionnel d'informateurs, ainsi que par une mémoire et une documentation solides. Bref : en matière d'affaires, c'est bien *Le Monde* qui donne le tempo. Le sentiment général est donc que si le journal accueille l'enquête de Denis Robert avec autant de réserve, c'est qu'il a de bonnes raisons pour cela. Bien peu nombreux sont ceux qui y voient une simple réaction de jalousie par rapport à une enquête conduite en dehors de leur magistère sur le journalisme d'investigation. Et au fait que les bonnes feuilles du livre ont été publiées dans *Le Figaro*. *Le Monde* traite Denis

Robert avec une longue cuillère ? Il doit y avoir une part d'ombre en lui !

« Les auteurs ne parviennent pas à fournir de démonstration concrète de l'implication de Clearstream dans ces affaires », écrit ainsi *La Tribune* le 27 avril 2001. « Tel quel, ce livre soulève plus de questions qu'il n'apporte de réponse », jugent *Les Échos*. Les commentaires sont d'autant plus prudents que la réaction de Clearstream est immédiate et brutale. André Lussi, son président, réfute les allégations du livre, affirme que les procédures de surveillance sont rigoureuses et que les comptes, audités depuis des années par KPMG, n'ont jamais fait l'objet de la moindre remarque. Affirmant que les assertions de Denis Robert et d'Ernest Backes portent atteinte à sa réputation, Lussi annonce l'introduction d'une procédure judiciaire, au titre du préjudice commercial, contre les auteurs et l'éditeur Les Arènes. La procédure vise aussi *Le Figaro*, qui a publié les bonnes feuilles, *Le Républicain lorrain* et Canal+. Car, simultanément, Denis Robert et Ernest Backes ont réalisé un documentaire, *Les Dissimulateurs*, diffusé le 1er mars sur Canal+. Clearstream réclame 1,8 million de francs de dommages et intérêts pour le film et 800 000 francs pour le livre.

Les réserves du *Monde*, les démentis et les menaces de Clearstream ont de quoi intimider les commentateurs. Il n'empêche : l'affaire est jugée suffisamment explosive pour que le député de la Somme Vincent Peillon, président – socialiste – de la mission parlementaire sur le blanchiment, ait, aussitôt après la sortie de leur livre, invité les auteurs à témoigner devant les députés français. Ce qui sera fait le 21 mars. Ernest Backes leur présente des microfiches, format carte postale, qui permettent, selon lui, de conserver la « traçabilité absolue des mouvements de fonds de ces dernières années ». Denis Robert cite les établissements bancaires français détenant des filiales, possédant des comptes « non publiés », logées dans des territoires surveillés par le Groupement d'action financière sur le blanchiment des capitaux (Gafi). Vincent Peillon s'indigne de l'absence d'audits publics des comptes de Clearstream qui laisse la possibilité à des « poches d'obscurité » de se développer.

Coup de théâtre, début mai : le parquet du Grand-Duché ouvre une information judiciaire, confiée au juge Ernest Nilles, qui vise Clearstream et son administrateur délégué André Lussi pour « blanchiment, faux et usage de faux, abus de bien social et détournement de fonds ». Les pratiques contestables se seraient fortement développées après son arrivée à la tête de la société, en 1991 : l'enquête préliminaire a trouvé de quoi valider, au moins partiellement, le travail du journaliste. *Le Monde* va modifier sa position : il publie dans ses colonnes un article dans lequel les juges français Éva Joly et Renaud Van Ruymbeke ainsi que le procureur genevois Bernard Bertossa disent tout le bien qu'ils pensent de l'enquête de Denis Robert : « Il est temps de prendre la mesure de son impact... Derrière les mécanismes officiels de la finance mondiale, dont la société Clearstream au Luxembourg est l'une des pièces maîtresses, se dissimule une machinerie discrète, construite au sein même du système. »

Dès l'ouverture de l'information judiciaire, André Lussi et deux de ses collaborateurs « sont suspendus provisoirement de leurs fonctions, à effet immédiat », selon un communiqué de Clearstream. Le PDG n'aura pas tenu trois mois. Denis Robert et Ernest Backes ont-ils gagné sur toute la ligne ? Pas vraiment. Car le juge saisi, en dépit de ses perquisitions qui démontrent la totale traçabilité des transactions, peine à trouver des preuves des malversations, tandis que la commission de surveillance du secteur financier confirme la qualité des audits du cabinet anglo-saxon KPMG. L'enquête a révélé l'existence des comptes « non publiés », mais estime qu'ils sont « légaux ». Elle a mis au jour des infractions mineures, mais n'établit pas qu'il y ait eu pendant les dernières années un système organisé de blanchiment d'argent. Officiellement lavée de tout soupçon par la justice luxembourgeoise, la société veut néanmoins tourner la page : de provisoire, la suspension d'André Lussi devient définitive. Il est remplacé par André Roelants. Clearstream blanchie de l'accusation de blanchiment ? La justice luxembourgeoise, aussitôt accusée d'être aux ordres des banques, clôturera l'affaire par un non-lieu, le 30 novembre 2004. A-t-elle réellement « manqué de pugnacité » comme le dénonce Denis Robert et comme le suggère la commission parlementaire française ?

Robert ne baisse pas les bras. Un an après *Révélation$*, mais cette fois sans Ernest Backes, il publie chez le même éditeur un deuxième livre, *La Boîte noire*, dans lequel il dénonce à nouveau cet « invraisemblable scandale, à ce jour toujours étouffé » et met en avant un nouveau témoin, Régis Hempel, qui affirme avoir participé, sur l'ordre de sa direction, à l'effacement de transactions douteuses. Licencié en 1993, ce témoin affirme que ce système « existe toujours ». Plus tard, dans une interview à *Libération*[1], Backes se désolidarisera de ce deuxième livre, qu'il qualifiera de

1. *Libération*, 13 mai 2006.

« roman », en ajoutant : « Denis [Robert] s'est égaré dans la jungle qu'il s'est fabriquée. Avec ses idées fixes, il a beaucoup contribué à mettre sur pied cette affaire. » Interrogé sur un éventuel regret d'avoir coécrit *Révélation$*, Backes répond : « J'ai écrit la moitié du livre, la partie lexique. J'ai promis à l'éditeur de rester solidaire et pendant longtemps je n'ai rien dit. Mais la partie de Denis nous a amené beaucoup de procès en diffamation. Le journaliste doit se résoudre à chercher les faits et laisser aux juges le soin de travailler. »

De fait, Denis Robert va payer cher son opiniâtreté – ou ses idées fixes, c'est selon. Clearstream et quelques-unes des sociétés mises en cause, en particulier l'étrange banque russe Menatep ou la Banque générale du Luxembourg, ne vont plus le lâcher. C'est une avalanche de procès en diffamation qui lui tombe sur la tête, en France, au Luxembourg, mais aussi en Suisse et en Belgique, où ses livres sont diffusés. Il est attaqué pour les propos qu'il a tenus à l'émission *Tout le monde en parle*, de Thierry Ardisson, sur France 2. On lui réclame des centaines de milliers d'euros. Mais il gagnera à peu près tous ses procès, en raison, le plus souvent, de sa bonne foi et du sérieux de son enquête, sans que les juges se prononcent sur le fond. Ce qui ne dissuade pas Clearstream de se pourvoir en appel, puis en cassation, avec pour seul objectif de le faire taire et de dissuader tous ceux qui voudraient suivre sa trace. Robert, qui assume seul ses frais de procédure (plus de 10 000 euros), est ainsi devenu aussi fin procédurier que bon chien de chasse, celui qui n'abandonne jamais, au risque de s'épuiser et de se perdre.

A-t-il exagéré en décrivant Clearstream comme une

grande lessiveuse d'argent sale ? Les arguments du président de Clearstream International SA, exprimés dans une pleine page de *Libération*, méritent d'être entendus[1]. « Prenez une banque. Installez-la au Luxembourg. Faites que son activité soit compliquée, voire incompréhensible à tous ceux (ils sont nombreux) peu familiers du monde de la finance. Ajoutez un corbeau, des fichiers mystérieux, des hommes politiques en vue et, si possible, rivaux, une sombre histoire de commissions occultes et de comptes secrets. Remuez bien et vous obtenez ce qu'on appelle "l'affaire Clearstream". » Pour lui, ce ne sont là que rumeurs malveillantes. André Roelants rappelle que les juges, après enquête, ont prononcé un non-lieu et s'étonne qu'on continue à dire, en France, qu'« il n'y a pas de fumée sans feu » ou que le Luxembourg est une république bananière : « C'est sans doute pour cela que la Cour de justice européenne a décidé de s'y installer », se moque-t-il. Il décrit le sérieux des procédures de contrôle utilisées et souligne qu'« aucune banque au monde ne publie les comptes de ses clients », en précisant que ceux-ci ne peuvent être que des banques ou des institutions financières, des banques centrales et des départements de trésorerie de quelques multinationales. Il souligne que mille cinq cents personnes travaillent chez Clearstream au grand jour, « ce qui fait quand même beaucoup pour conserver confidentiels les secrets explosifs que l'on nous soupçonne de détenir » ; et que l'affaire Clearstream n'en est une qu'en France et « n'a été relayée dans aucun autre pays (seraient-ils sourds, aveugles ou incompétents ?) ».

1. *Libération*, 5 mai 2006.

Qu'en est-il réellement ? Il est vrai que l'une des failles du raisonnement de Denis Robert est d'imputer systématiquement à Clearstream des fautes et des délits qui sont, plus vraisemblablement, ceux de ses banques clientes. Car la chambre de compensation ne traite qu'avec des établissements financiers ou des grandes entreprises internationales, jamais avec des particuliers. Du moins officiellement. En revanche, il est possible, pour une banque peu scrupuleuse, parallèlement à ses comptes officiels, d'ouvrir un compte « non publié », sous son nom et sous sa responsabilité, derrière lequel se dissimule un seul client, celui-ci ayant alors toute latitude de transférer son argent à qui il veut dans le monde, auprès d'un autre particulier utilisant le même subterfuge, en toute opacité, à partir d'un simple terminal relié à Internet. La question est de savoir si de telles opérations se feraient alors à l'insu ou non de la chambre de compensation.

Selon des informations recueillies à de bonnes sources, Clearstream a effectivement fonctionné « de façon inadéquate », comme disent les Anglo-Saxons, au début des années quatre-vingt-dix, à une échelle non négligeable mais dans un cadre bien précis : celui du démantèlement de l'URSS. Les banques centrales européennes comme la Federal Reserve américaine auraient alors donné leur aval provisoire aux banques agissant sous leur contrôle, les autorisant à transgresser certaines règles pour permettre un transfert massif des dollars détenus dans l'ancien empire soviétique vers l'Occident. « Qu'importait l'identité des détenteurs, l'essentiel était que l'argent communiste devienne capitaliste », commente cyniquement un grand banquier français. Ces transferts, au reste, n'étaient pas illégaux, au regard de la législation du Luxembourg où, jusqu'en août 1998, seul était punissable le blanchiment d'argent provenant du trafic de stupéfiants. Qu'après cette période, ces pratiques aient pu perdurer, cette fois sans l'aval des banques centrales, voilà qui est tout à fait possible. Mais pas avéré, n'en déplaise à Vincent Peillon et Arnaud Montebourg (PS), tout à leur traque, idéologique et politique, de l'argent sale.

Mais, au fond, qu'importe ? Denis Robert a réussi son coup : dans les milieux soi-disant informés, flotte sur le seul nom de Clearstream un fumet âcre et malodorant : celui de la grande lessiveuse qui permettrait aux corrompus de tout bord de toucher l'argent des commissions illicites et de le blanchir, loin des regards de la justice et du fisc. Rares sont les grandes affaires de corruption qui transparaissent dans les journaux et encore plus rares celles qui sont connues du grand public.

Avec l'affaire Elf, largement médiatisée, l'une d'elles occupe à cette époque le devant de la scène : celle des frégates vendues par Thomson-CSF à Taïwan. Parce qu'elle a pour acteurs, entre autres, Roland Dumas, ancien ministre des Affaires étrangères de François Mitterrand, ainsi que sa maîtresse Christine Deviers-Joncour. Parce que les sommes en jeu sont considérables : Dumas a cité le chiffre de 5 milliards de francs de commissions versées à la Chine et à Taïwan et de rétrocommissions auprès d'industriels et d'hommes politiques français, qu'il n'a jamais désignés. Et surtout parce qu'elle est ponctuée de huit morts suspectes, dont trois, au moins, sont des assassinats avérés.

Nul ne peut s'étonner, dès lors, de voir apparaître l'« affaire des frégates » dans *La Boîte noire*, le deuxième livre de Denis Robert consacré à Clearstream : forcément, les rétrocommissions[1] ont transité par la grande lessiveuse. Forcément ? Pas si sûr. Rien ne l'indique, en tout cas, dans le dossier qu'instruit avec d'énormes difficultés le juge Renaud Van Ruymbeke qui, depuis l'appel de Genève en 1996, entretient avec Denis Robert une amitié forte. Une amitié nourrie par la mission commune dont ils ont tous deux le sentiment d'être chargés sur cette terre : traquer l'argent sale, éradiquer la corruption. Tous deux ont aussi la certitude d'être bloqués, dans ce qui ressemble à une croisade, par le parquet, par les banques, les hommes politiques ou les puissants de tous bords, sentiment qui a trouvé à s'alimenter dans les obstacles bien réels opposés à leurs enquêtes. Mais le pire, c'est l'indifférence : dans son dernier livre, un roman largement autobiographique, *La Domination du monde*, Denis Robert écrit une phrase en forme d'aveu : « Les gens s'en branlent, de tes révélations, Yvan. C'est bien ton drame[2]. » Pourtant, quelques personnages éminents de la comédie du pouvoir vont se passionner pour ces « Révélations ».

---

1. Pour l'anecdote, je crois avoir employé le premier le terme de rétrocommissions dans un article du *Nouvel Observateur*, après une conversation avec... Jean-Louis Gergorin, alors conseiller de Jean-Luc Lagardère, qui me décrivait les turpitudes supposées de la maison d'en face, Thomson. Depuis, le terme, qui a le mérite de la clarté en séparant ce qui est toléré de ce qui est interdit, a fait florès.

2. Denis Robert, *La Domination du monde*, Julliard, 2006.

Chapitre 3

Où sont passées les commissions des frégates ?

C'est un locataire de l'immeuble, 18 rue Jean-Goujon, proche de l'avenue Montaigne à Paris, qui, en rentrant chez lui à 23 h 30, a découvert le corps au milieu de la cour intérieure pavée, le 10 octobre 2000. Tout porte alors à croire que l'homme, corpulent, est tombé d'une fenêtre du quatrième étage, qui est ouverte malgré la pluie et dont les volets battent encore dans le vent. Le Samu est prévenu, qui établit le décès, la police aussi, qui procède aux premières constatations. Celles-ci soulèvent quelques incohérences. Mais c'est surtout la personnalité du défunt qui surprend, car il s'agit d'un certain Thierry Imbot, vite identifié comme le fils du général Imbot. Ce militaire à la coupe Légion, façon années cinquante, est l'ancien patron de la DGSE, le service d'espionnage extérieur français, où il a été nommé en septembre 1985, après la folle aventure du *Rainbow Warrior*. On se souvient que c'est le sabotage, par la DGSE, de ce bateau de Greenpeace qui a compromis la France et forcé Charles Hernu, ministre de la Défense de Laurent Fabius, à la démission. Thierry Imbot est lui-même un ancien membre du service.

Prévenue, la police criminelle est sur place à 2 h 30

du matin. Les spécialistes constatent que les lumières de l'appartement dans lequel Imbot s'apprêtait à emménager sont éteintes ; que la porte blindée n'est pas fermée à clé mais a simplement été tirée ; que pour accéder à la fenêtre d'où il est tombé, il faut monter sur un petit parapet protégé du vide par une rambarde de 76 cm de hauteur ; et que le corps gît à près de trois mètres de la façade, ce qui paraît peu compatible avec une chute accidentelle mais plutôt à un saut, ou à une projection. Plus tard, l'autopsie montrera que Thierry Imbot n'était ni ivre ni drogué. Cet homme de quarante-huit ans, sportif, était en pleine possession de ses moyens.

Et pas dépressif pour deux sous. C'est d'ailleurs ce qu'écrira, quatre jours plus tard, la police criminelle dans son rapport : « Les auditions des proches de la victime décrivaient un homme équilibré ayant réussi sa vie de couple et sa vie professionnelle, il n'avait aucune tendance suicidaire et menait une vie saine, sans problème d'alcool ou de toxicomanie. Les éléments recueillis au cours de l'enquête corroborent les résultats de l'autopsie. » De fait, Thierry Imbot paraissait en pleine forme. Directrice de production de la chaîne de télévision américaine CNN, sa femme venait de décrocher le poste de correspondante en France du *Herald Tribune* et s'apprêtait à rejoindre son mari, à Paris, avec leurs deux enfants. C'est pour préparer l'arrivée de sa famille qu'Imbot s'était rendu dans ce superbe appartement de 170 mètres carrés, dans le triangle d'or des beaux quartiers parisiens. Les meubles et les cartons du déménagement avaient été livrés la veille. Lui-même était en tenue décontractée : blouson rouge, chemise rouge et noir, casquette noire, jean retenu par des bretelles, chaussures de sport. Avec son éternel cigare à la bouche, dont on ne retrouvera pas trace dans la cour.

L'hypothèse du suicide écartée, ne restent que celles du crime ou de l'accident. Très vite, la deuxième va être privilégiée : elle deviendra la version officielle et définitive. Sans tromper grand monde, pas même son père, le général Imbot, qui, à la télévision, validera la thèse de l'accident, alors qu'en privé et, plus tard devant le juge Van Ruymbeke, il se montrera beaucoup plus dubitatif.

La thèse officielle se trouve dans le rapport de la police criminelle : « M. Thierry Imbot a très certainement chuté en fermant les volets de la chambre, le vent et la pluie étant particulièrement violents ce soir-là. » Les relevés de Météo France indiquent cependant que les rafales de vent n'ont jamais dépassé les 60 km/h cette nuit-là, ce qui n'a rien d'exceptionnel. De plus, la fenêtre de la chambre, qui donnait sur la cour intérieure, était largement protégée du vent. Autre bizarrerie que ne relèvent pas les enquêteurs : pourquoi vouloir fermer les volets d'un appartement où l'on n'a pas l'intention de passer la nuit ? À peine déballé, le lit n'était pas fait : tout porte à croire qu'Imbot avait l'intention de dormir dans son studio de la rue Séguier, qu'il occupait temporairement. Surtout, pourquoi aurait-il décidé de fermer des volets, alors que l'appartement, qu'il connaît à peine, était plongé dans le noir ? Pourquoi n'a-t-il pas allumé la lumière ? L'électricité n'était pas disjonctée, tout fonctionnait. De surcroît, le gardien de l'immeuble assure aux policiers que la sécurité des fenêtres était totale, dans un immeuble des années trente bien construit, où vivent de nombreux enfants. Aucun incident n'a jamais été signalé.

Mais la plus grande incongruité, qui disqualifie le rapport de la police dans son ensemble, se lit dans une phrase, à propos de Thierry Imbot : « Son passé d'ancien fonctionnaire civil à la DGSE ne le conduisait pas à travailler sur des dossiers sensibles et ne générait en aucun cas des menaces physiques. » Ce qui est une contrevérité flagrante. Bien sûr, Thierry Imbot n'appartenait plus officiellement à la DGSE, dont il avait démissionné en 1993, mais l'on sait que ce sont là des services que l'on ne quitte jamais vraiment. L'agent secret s'était reconverti dans le conseil aux chefs d'État africains, en particulier auprès de Denis Sassou-N'Guesso, président du Congo et beau-père (bien que plus jeune que lui) d'Omar Bongo, président du Gabon, tous deux francs-maçons et, comme lui, membres de la Grande Loge nationale de France (GLNF). Après sa mort, le grand secrétaire de la GLNF écrira au président Sassou-N'Guesso : « Monsieur le Président, Très respectable Frère, vous avez été informé du décès accidentel de notre regretté frère Thierry Imbot [...]. Nous attirons votre bienveillante attention afin que le paiement de la somme de soixante millions de francs CFA, correspondant au travail effectué, soit versé à sa famille. Thierry Imbot avait laissé les instructions à sa banque avant de mourir... »

Des instructions datées du 29 septembre, douze jours avant sa mort.

Mais surtout Thierry Imbot, qui avait été en poste à Taïwan à la période cruciale, savait tout sur l'affaire des frégates, ces vedettes rapides vendues par la France de Mitterrand à l'île, malgré les avertissements de la Chine. Il connaissait les dessous du marché et notamment ses commissions pharaoniques. Comme d'autres, il a d'ailleurs quitté l'île en mars 1994, en catastrophe, sans prévenir ni organiser de pot d'adieu, en dépit de sa propension aux mondanités.

Imbot est néanmoins revenu au moins deux fois à Taïwan, en 1995 puis au printemps 1997. La première fois sous une couverture de diplomate, la deuxième fois comme représentant du GIAT, pour proposer aux Taïwanais des missiles antichars. Selon un industriel français de l'armement qui le fréquentait, « son style flamboyant impressionnait les Taïwanais qui, gens souvent timides, se laissent facilement épater par les grandes gueules ». Thierry Imbot était bien introduit dans les sphères militaires et civiles du Guomindang, le parti au pouvoir sur l'île depuis la fin de la guerre, mais avait aussi ses entrées en Chine, puisqu'un responsable de ce parti anticommuniste, en voyage à Pékin, eut la surprise de tomber un jour nez à nez sur Imbot, en compagnie de dignitaires du PC chinois.

En vérité, Thierry Imbot était un agent secret un peu particulier. Mondain, très public relations, il se conduisait en enfant gâté. Son profil ne correspondait pas au comportement habituel d'un membre de services de renseignement. Il avait surtout un goût prononcé pour l'argent et les affaires. À Taïwan, il fréquentait beaucoup le représentant du GIAT, surnommé le Baron Rouge. Avec ce Français d'origine russe, un personnage contesté, Imbot a vendu, à titre personnel, des véhicules Panhard six roues, des masques à gaz et des munitions à Taïwan et aux Philippines.

Bruno Birolli, correspondant du *Nouvel Observateur* en Asie, a rencontré Imbot à plusieurs reprises, à Taïwan et à Tokyo. Il le décrit comme « intellectuellement très vif et amusant. Avec sa tendance à prendre de l'embonpoint, il aimait s'habiller comme une caricature d'administrateur de société multinationale : havane toujours en bouche, costumes prince-de-galles, chemises bleues à col blanc et boutons de manchettes en or, bretelles, et mocassins à pompons. Il se présentait comme attaché industriel mais se débrouillait pour vite faire comprendre qu'il appartenait aux services secrets. Il cultivait son rôle d'officier du 2e Bureau informé, séduisant, un tantinet cynique, et parfaitement maître des arcanes du Grand Jeu en Asie. Dans le salon de son appartement, où traînaient des caisses de bordeaux achetés hors taxe grâce à son statut de diplomate, il y avait un lit à baldaquin de fumeur d'opium chinois ». Birolli active ses souvenirs : « Ouvertement pro-Guomindang, qui selon lui incarnait la légitimité chinoise sur Taïwan, Imbot condamnait vertement l'opposition prétendument démocratique qui s'agitait sur l'île. Elle n'était à ses yeux qu'un sous-marin du Japon, lequel avait l'ambition de recoloniser Taïwan, qui était jusqu'en 1945 l'une de ses colonies. Imbot me disait que Taïwan "n'avait pas d'autre avenir que de retourner à la Chine ou d'être aspiré par le Japon". »

Thierry Imbot travaillait-il aussi pour la CIA, sous couvert d'un cabinet de lobbyistes de Washington qu'il avait rejoint après sa démission de la DGSE ? L'ex-agent de la DGSE s'était retrouvé en tout cas au cœur de cette nébuleuse affaire des frégates, à laquelle sera longtemps mêlé le nom de Roland Dumas. Tous les journalistes d'investigation étaient alors sur le pont pour savoir si une partie des commissions était revenue en France sous forme de rétrocommissions et quels étaient les hommes politiques susceptibles d'en avoir bénéficié. De fait, Thierry Imbot avait rendez-vous, le lendemain matin, avec l'un de ces journalistes, parmi les plus en pointe sur ce dossier, pour parler des conditions de vente des frégates. Allait-il manger le morceau, alors qu'il s'était tu depuis sept ans ? Rien ne permet de l'affirmer. Il est sûr, en revanche, que certains pouvaient le craindre.

Comment cet ancien officier de la DGSE connaissait-il le dessous des cartes ? Sinophile, il aurait participé à l'entraînement des partisans du commandant Massoud en Chine. À l'aise en anglais, agile en mandarin, il a suivi les cours des universités de Taïpei et de Tinju, à Taïwan. Dès que son père est nommé à la tête des services secrets français, il l'envoie à Pékin, puis à Washington. Mais en 1991, le nouveau patron de la centrale, Claude Silberzahn, le sanctionne pour « faille dans le comportement personnel, mise en vulnérabilité et exercice d'activités parallèles sans relation avec le service ». Profitant de ses réseaux, de ses contacts et peut-être de ses capacités d'influence, l'agent secret gagne en effet de l'argent d'une façon qui a été contestée. Mais il est surtout jugé, dans la paranoïa ambiante, en passe de se faire retourner par ses amis américains et ceux de son épouse. À la DGSE, on l'appelle d'ailleurs « l'Américain ». Pour éviter tout dérapage, Thierry Imbot va faire l'objet d'une mutation : il quitte le poste prestigieux de Washington pour Taïwan, avec pour couverture la Direction des relations économiques extérieures (DREE).

Dans les faits, il est chargé de suivre, sous tous leurs aspects, les contrats d'armement qui sont en train d'être signés avec l'île nationaliste, en conflit perpétuel avec Pékin : ceux de Dassault, qui vend ses Mirage ; ceux de Matra, qui place un nombre invraisemblable de missiles Mica ; et ceux de Thomson, chef de file du consortium qui vient de signer le contrat de six frégates Lafayette. Ces vedettes, qui vont tant faire parler d'elles, sont indirectement à l'origine de l'imbroglio Clearstream. Car beaucoup d'argent va circuler autour de ce gigantesque marché.

Or Thierry Imbot est justement l'un des hommes qui connaît la face cachée de ces énormes contrats assurant l'avenir de l'industrie française d'armement pour de nombreuses années. Jalouse de son indépendance mais considérée par Pékin comme lui appartenant, Taïwan croule sous les réserves monétaires. C'est l'île au trésor : avec plus de 100 milliards de dollars américains, les Taïwanais disposent alors de la cagnotte la plus importante du monde. Ils sont prêts à acheter vite, cher et comptant toutes les armes sophistiquées dont ils ont besoin pour empêcher la Chine continentale de les attaquer. Il faut pouvoir combattre les Mig 23 et les Sukhoï de l'armée populaire, qui ne cessent de manœuvrer à proximité, et disposer de navires capables de surveiller toutes les intrusions maritimes dans les eaux territoriales. Car, depuis les bombardements massifs de 1958, Taïpei et Pékin vivent dans une manière de « drôle de guerre » de part et d'autre du détroit de Formose. Les Taïwanais ont besoin de diversifier leurs fournisseurs jusque-là exclusivement américains. En effet, après la mort de Mao Tsé-toung en 1976, les États-Unis, qui ont reconnu Pékin, se sont

engagés en contrepartie à ne plus fournir d'armes offensives à Taïwan. Dix ans plus tard, Taïwan a un urgent besoin de se réarmer. Pour contrer une attaque de Pékin, toujours désireuse de reconquérir son territoire, comme en 1949 estiment certains généraux ; pour empêcher leur adversaire d'y songer, par le seul effet de la dissuasion, calculent d'autres. Le résultat est le même : il faut des avions, des missiles et des bateaux en masse, que peu de pays au monde peuvent fournir. La France est le premier d'entre eux.

Lorsqu'il était en poste, Thierry Imbot n'a cessé de transmettre à la centrale, à Paris, des notes de synthèse sur l'environnement politique et économique de Taïwan, les rapports de force parmi les généraux et amiraux décisionnaires, ainsi que des comptes rendus des négociations que lui fournissent d'autres taupes de la DGSE, parmi lesquels Jean-Claude Albessart, un ancien officier de marine, toujours bronzé et élégant, qui a fait carrière chez Thomson et a été envoyé à Taïwan comme agent commercial. Ou Jacques Morisson, lui aussi ancien officier de marine reconverti chez Thomson, lui aussi détaché à Taïwan où il est chargé de suivre la partie technique du contrat. Toutes les notes de Thierry Imbot, comme la plupart des informations relatives à la vente des frégates, disparaîtront des archives de la centrale du boulevard Mortier.

Tout comme disparaîtront, un à un, plusieurs témoins gênants. À commencer par Jacques Morisson, lui aussi retrouvé mort dans la cour intérieure de son immeuble, 12 rue Montrosier à Neuilly, le 18 mai 2001 à 17 h 15. Il semble qu'il soit monté par la cage d'escalier au dernier étage et qu'il se soit alors lancé dans le vide. À la différence d'Imbot, Morisson était plutôt taciturne et dépressif. Il était traité pour cela. Mais sa compagne a assuré aux policiers qu'il n'était absolument pas suicidaire. Il avait même peur de mourir, d'être assassiné, comme il le confia à des proches, au point qu'il songeait à déménager et à changer d'identité ! Parce qu'il était, disait-il, « le dernier témoin de l'affaire des frégates ».

Jean-Claude Albessart est mort d'un cancer foudroyant que rien ne laissait prévoir. Mort naturelle ? Peut-être, encore qu'il soit devenu facile, en particulier dans les milieux de la défense et de l'espionnage, de provoquer des cancers en plaçant des produits hautement radioactifs à proximité de la victime désignée. L'ancien cadre de Thomson avait quitté Taïwan en catastrophe, pour rejoindre son domicile de Tokyo, au lendemain de l'assassinat du capitaine Yin Chin-feng. Cet officier modèle qui fut au centre de l'affaire était le chef du bureau d'approvisionnement des achats de la marine taïwanaise, chargé d'évaluer le contrat des frégates. Au retour d'un voyage en France, il avait rédigé un rapport officiel dans lequel il faisait état de ses interrogations, document qui ne sera jamais retrouvé. Le capitaine Yin était convaincu qu'un certain nombre d'amiraux, ses supérieurs, s'étaient fait grassement arroser lors de la négociation du contrat Bravo – c'est ainsi qu'était appelée la vente des frégates, par souci de confidentialité – par les Français. Son assassinat ne fait aucun doute. Des pêcheurs ont retrouvé son corps flottant entre deux eaux, à l'est, le long de la côte, à trois heures de route de la capitale. Sans eau dans les poumons mais avec plusieurs balles dans le corps. Il a été tué avant d'être jeté en mer et ramené près de la côte par le courant.

Au total, ce sont sept acteurs ou témoins du contrat Bravo qui décéderont de façon plus ou moins suspecte, un seul assassinat, celui du capitaine Yin, étant reconnu comme tel. Un mauvais sort, comme dans *Les Sept Boules de cristal* d'Hergé ? Ou bien la face visible d'une des plus grosses affaires de corruption qui aient jamais eu lieu, impliquant des dirigeants de Taïwan, de la Chine communiste et de la France, sous la haute protection de la raison d'État et du secret défense ?

Cet extraordinaire contrat, au moins pour ses fournisseurs, a une longue histoire. Amorcé en 1983, prenant la forme d'un plan décennal de la marine taïwanaise en 1987, il a été concrétisé en mai 1989 dans la lettre d'intention signée du maréchal Hau Peitsun, alors en visite en France. D'après l'ancien juge Thierry Jean-Pierre, décédé lui aussi d'un cancer, qui, peu avant sa mort – la malédiction ! –, avait écrit un ouvrage de référence sur l'affaire des frégates[1] au terme d'une longue enquête en France et à Taïwan, le maréchal avait brutalement changé de position, comme en témoigne le dialogue avec son aide de camp :

« – J'ai un télégramme à vous dicter. Vous l'enverrez aujourd'hui même. En texte codé, naturellement.

– Bien, monsieur le maréchal. Qui est le destinataire du télégramme ?

1. Thierry Jean-Pierre, *Taïwan Connection, scandales et meurtres au cœur de la République*, Robert Laffont, 2003.

– Le chef d'état-major adjoint du renseignement, au ministère de la Défense. Indiquez que celui-ci devra immédiatement en transmettre une copie à l'état-major de la marine.

– Je suis prêt, monsieur le maréchal.

– Écrivez : "Les négociations de notre marine avec la société coréenne Hyundai concernant le contrat portant sur le plan Kuang Hua [référence aux frégates] sont momentanément reportées et ne doivent pas être conclues. Nous examinerons cette décision à mon retour." »

L'avant-veille, le maréchal et sa délégation avaient fait bombance dans un grand restaurant parisien avant, pour certains d'entre eux, de terminer la nuit avec des prostituées, aux frais de Thomson et de la direction des constructions navales (DCN), service du ministère de la Défense. On ne dira jamais assez à quel point ce qu'il reste du « Gai Paris » sert encore les intérêts économiques de la France, en particulier dans les milieux très masculins des traîneurs de sabres chamarrés.

La veille, épuisés mais contents, les membres de la délégation avaient rencontré un certain nombre de personnalités françaises, dont le général Jeannou Lacaze, ancien chef d'état-major des armées, fervent partisan des nouvelles frégates furtives et hautement sophistiquées, dites de type « Lafayette », que la France n'a pas encore construites ni a fortiori mises en service dans sa propre armée. La proposition d'acheter ces nouvelles frégates sera faite en fin d'après-midi, au siège de la DCN : « Vous n'avez pas besoin des F-2000[1], vous avez besoin des Lafayette »,

1. Référence à l'ancien modèle des frégates.

dit-on aux Taïwanais. Le prix ? « Compte tenu des variables d'un tel contrat, il ne peut être fixé précisément. » Traduction de Thierry Jean-Pierre : « La perspective séduisante d'énormes enveloppes rouges se profile [...] mais les projections les plus folles se font et les avis commencent à changer. Parmi les membres de la délégation, c'est désormais à qui reconnaît soudainement à l'offre française des qualités que peu avaient relevées auparavant. Jusque tard dans la nuit, les couloirs de l'hôtel bruissent de chuchotements excités. »

À mesure que les négociations avancent, le prix unitaire des frégates Lafayette ne cesse d'augmenter. La première proposition était de 1,225 milliard de francs par frégate. En octobre 1989, on passe à 1,348 milliard. Deux mois plus tard, après une nouvelle visite de l'amiral Lei – en charge du dossier dans l'île – à Paris, le prix monte jusqu'à 1,631 milliard. Le 27 juillet 1991, la facture unitaire se monte à 1,824 milliard. Et quelques jours avant la signature finale du contrat Bravo, le 5 août 1991, le prix augmente d'un coup de près de 50 % : l'accord se fait à 2,495 milliards de francs par frégate ! C'est le double du prix initial et presque trois fois celui des frégates coréennes Ulsan, il est vrai nettement moins sophistiquées. Thierry Jean-Pierre rapporte ces propos, tenus ultérieurement, par « un des chefs de l'armée nationaliste : "Nous avons payé des frégates désarmées au prix des frégates armées. Et encore a-t-il fallu pour bénéficier de ce privilège rajouter 100 % de plus !" »

Ce simple énoncé des hausses de prix, acceptées sans broncher par les militaires taïwanais, fait litière de l'argument selon lequel il n'y avait nul besoin de verser une commission occulte aux dirigeants de l'île, par le seul fait qu'ils étaient demandeurs des frégates. Un pactole est né. Des dessous-de-table considérables ont bel et bien été versés aux décisionnaires de l'armée nationaliste, si ce n'est plus haut. Personne ne doute non plus que d'autres commissions ont été payées à de hauts responsables de la Chine communiste, de nature à les aider à ne pas faire un casus belli de la livraison des frégates à leur ennemi. Pour leur permettre de sauver la face, on a dit que la France vendait des frégates désarmées – ce qui était faux – et que pour protéger les intérêts militaires chinois, on leur avait, en revanche, donné les moyens informatiques de rendre les frégates inopérantes et repérables en cas d'usage offensif ! Et puis on a payé, notamment par l'intermédiaire d'une Mata Hari locale du nom de Lili Liu, une ancienne amie d'Alain Gomez, alors président de Thomson, relativement bien introduite auprès de certains dignitaires de la Cité interdite.

Car Thomson a mis en place un système de rémunérations occultes auquel participe l'État français. Je peux révéler que l'Élysée, sous François Mitterrand, et le ministère de la Défense, dirigé jusqu'en 1991 par Jean-Pierre Chevènement, ami de longue date d'Alain Gomez, ont même obligé Dassault et Matra, qui vendaient parallèlement de grandes quantités de Mirage 2000 et de missiles embarqués, à regrouper l'ensemble des commissions et à les confier à l'intermédiaire attitré de Thomson dans la région : Andrew Wang. Ces commissions ont été déclarées par les trois sociétés à l'administration fiscale française, alors sous l'autorité de Michel Charasse. Officieusement, il s'agissait de verser des commissions aux dirigeants taïwanais à hauteur de 400 millions de dollars américains ainsi qu'aux membres du parti communiste chinois, à Pékin, à hauteur de 100 millions de dollars. Problème : sur les 400 millions de dollars déclarés à Bercy, les Taïwanais n'ont gardé la trace que de 160 millions, laissant présager une différence de 240 millions versés aux Français sous forme de rétrocommissions ! À combien se sont-elles montées ? À 5 milliards de francs, comme l'a indiqué Roland Dumas dans une interview au *Figaro*, au début de l'affaire ? Alfred Sirven, l'ancien homme à tout faire d'Elf, depuis sa cellule de la Santé, interrogé par le substitut Champrenault, avait affirmé que « les commissions versées par Alain Gomez [...] atteignent 30 % du marché, soit 4,8 milliards de francs ». D'autres commissions auraient-elles été versées à l'occasion des avenants aux contrats, appelés Bravo B1, signés en juillet 1992, et Bravo C et D, signés en 1993, Balladur étant à Matignon ?

Côté français, beaucoup a été écrit sur les changements de position successifs de François Mitterrand sur ce dossier, entre les arguments du complexe militaro-industriel, soutenu par le ministre de la Défense Jean-Pierre Chevènement, en faveur de la vente des frégates à Taïwan, et ceux du Quai d'Orsay, qui privilégie systématiquement les relations avec la Chine continentale depuis que, premier de tous les chefs d'État occidentaux, le général de Gaulle l'a reconnue. Jusqu'au revirement final de Roland Dumas, ministre des Affaires étrangères, qui rendra les armes au tout dernier moment, en précisant bien qu'il se rangeait aux arguments du président de la République. D'où le soupçon, jusque-là jamais étayé, de rétrocommissions.

À partir de cet instant, l'argent noir des frégates ne va plus cesser d'agiter le microcosme parisien, déclenchant au passage une lutte à mort entre grands patrons.

Chapitre 4

Les PDG perdent la tête

Pendant des années, les retombées du contrat Bravo vont empoisonner la vie des affaires en France. De grands patrons comme Jean-Luc Lagardère et Alain Gomez vont se fâcher à mort, tout en tentant de masquer leurs différends. Leurs lieutenants ne cesseront plus, eux aussi, de se combattre. Il est vrai que l'ampleur des contrats passés et des commissions versées a de quoi exciter les convoitises. À l'origine, il y a un contrat, ou plutôt un accord, conclu verbalement entre gens de bonne compagnie : en gros, au début des années quatre-vingt-dix, la compagnie pétrolière Elf, via son numéro deux de l'époque, le fameux Alfred Sirven, prête son réseau d'influence à Thomson, présidé par Alain Gomez pour que l'entreprise aboutisse à conclure le marché avec Taïwan et à distribuer l'argent de la corruption – puisqu'il faut bien lui donner son nom – dans les bonnes poches. Que prévoit l'accord entre ces gens a priori bien élevés ? En cas de vente effective des frégates, 180 millions de francs doivent être versés à Sirven par Thomson, à charge pour lui d'en reverser une partie à Christine Deviers-Joncour, dont la principale activité à l'époque est d'être la maîtresse de Roland Dumas et de lui acheter ses chaussures Berluti quand il n'a pas le temps de le faire lui-même. La « putain de la République » comme elle se dénommera plus tard dans le premier de ses nombreux livres fait le siège de son amant pour qu'il cesse de s'opposer à la vente des frégates, sans succès jusqu'à son revirement final, qui suit celui de François Mitterrand.

En dépit de la signature du contrat Bravo, Alain Gomez va cependant refuser de rémunérer Sirven. Le numéro deux d'Elf, qui a payé Christine Deviers-Joncour par anticipation, se pourvoit devant le tribunal arbitral de Lausanne. Or celui-ci donne raison au truculent Alfred contre Thomson. Pour éviter de payer, le successeur de Gomez, Marcel Roulet, âgé et un rien benêt, dépose plainte au pénal, ce qui suspend l'application de la décision du tribunal d'arbitrage. C'est à ce moment-là que la juge Éva Joly, en charge de l'affaire Elf, obtient copie du jugement pour les besoins de son instruction : elle y voit pour la première fois le nom de Roland Dumas associé à celui d'Alfred Sirven et de Loïk Le Floch-Prigent, sa bête noire. Par surcroît, une lettre anonyme vient mettre la juge sur la piste d'un appartement, rue de Lille, acheté par Christine Deviers-Joncour avec des fonds venus de nulle part, achat auquel aurait participé Roland Dumas. Il est clair que ce corbeau – déjà ! – visait à détourner Éva Joly de ses investigations sur l'affaire Elf en lui agitant un leurre : traquer et faire tomber un gibier d'une tout autre qualité qu'Alfred Sirven ou le PDG d'Elf Loïk Le Floch, en la personne de Roland Dumas, président du Conseil constitutionnel, cinquième personnage de l'État. Le piège va fonctionner à merveille : la juge, à qui on a imposé de partager son instruction avec Laurence Vichnievsky, flaire l'odeur du sang, le scandale d'État.

Dans le livre que nous avons publié sur cette histoire[1], Valérie Lecasble et moi avions décrit les joutes entre Éva Joly, Loïk Le Floch et son successeur à la tête d'Elf, Philippe Jaffré, non comme l'affrontement du bien et du mal, mais comme une bataille de chiffonniers entre des personnalités troubles à l'ego surdimensionné, où tous les coups étaient permis. « Le trio de la haine », avait alors commenté *Le Nouvel Observateur.*

« Éva Joly [...] s'est murée à cette époque dans une solitude un peu hautaine faite de méfiance et d'inflation égotiste, écrit l'ex-juge Thierry Jean-Pierre dans son livre[2]. Elle s'est durcie en découvrant l'immensité de son pouvoir sur les hommes, sur ces grands patrons arrogants, qui désormais tremblent devant elle. Elle s'est laissé griser par les médias, flatter par la diffusion de son image. Et c'est entre splendeur médiatique et excitation de la chasse qu'elle mène l'enquête. » S'agissant de Laurence Vichnievsky, l'ancien juge la décrit comme « un pur produit de la nomenklatura judiciaire, ambitieuse en diable et aussi attentive à son image que peu friande des subtilités financières des dossiers qu'elle instruit. Autoritaire et cassante, Laurence Vichnievsky semble prendre l'ascendant sur Éva Joly [...] au grand dam de cette dernière ». Les voilà habillées pour l'hiver, par un confrère. Toutes ces batailles d'ego n'auraient guère

1. Valérie Lecasble et Airy Routier, *Forages en eaux profondes, les secrets de l'affaire Elf*, Grasset, 1998.

2. Thierry Jean-Pierre, *Taïwan Connection, scandales et meurtres au cœur de la République, op. cit.*

d'importance si l'argent de Taïwan n'était pas en cause. En effet, alors qu'elle est en charge plus particulièrement du dossier des frégates, Laurence Vichnievsky ne l'instruira qu'à contrecœur, sans conviction. Et, surtout, sans résultats. Les deux juges obtiendront même qu'on scinde le dossier des frégates et celui de Roland Dumas, aboutissant ainsi à une monstruosité judiciaire : il a fallu juger un homme sur qui pèse le soupçon de s'être laissé corrompre, ou influencer, dans un dossier dont on ne pourra pas parler à l'audience ! On sait comment tout cela se terminera : Roland Dumas, condamné en première instance, sera relaxé en appel et Éva Joly retournera en Norvège traquer la corruption dans le monde.

C'est Renaud Van Ruymbeke, associé aux deux magistrates depuis le 6 avril 2000, qui reprend leurs dossiers. On ne parle pas encore de faux listings mais l'ombre du scandale se rapproche. Jouissant d'une excellente réputation, le juge accepte de quitter chaque semaine Rennes, où son épouse est magistrate, pour Paris, où est scolarisé l'un de leurs fils. Sa tâche est lourde. À grand-peine, il commence par mettre en ordre le dossier Elf, qui en avait besoin. Parfaitement maîtrisé à l'audience par le juge Michel Desplan, ce dossier à tiroirs se terminera, en première instance comme en appel, par de lourdes condamnations. Une fois close cette instruction, il s'attaque au dossier enterré par cinq gouvernements successifs : celui des très discrètes frégates de Taïwan ! Le juge a la ferme volonté de trouver quels ont été les destinataires finaux des 5 milliards de francs de commissions annoncés ici et là. Une instruction en forme de chemin de croix, qui deviendra presque obsessionnelle. Confronté à la mauvaise volonté des pouvoirs publics, de droite comme de gauche, et aux portes résolument fermées du secret défense que rien ni personne ne veut entrouvrir, Van Ruymbeke va faire chou blanc. Ce n'est pas dans ses habitudes : l'affaire des frégates a occupé le plus clair de son temps pendant six ans. Il travaille en tandem avec une autre juge du pôle financier, Dominique de Talencé, mais celle-ci s'est vite désintéressée de ce dossier trop complexe pour elle : indolente, elle ne prendra jamais la moindre initiative.

L'homme qui a effectué la première perquisition au siège d'un parti politique, en l'occurrence le PS, en janvier 1992, ne lâche jamais le morceau. Il est du genre à s'acharner sur les portes qu'on lui ferme au nez. Sûr de lui, du bien-fondé de son rôle, parfois de sa mission, il a l'impavidité de ceux qui ne doutent pas. Il n'est pas du genre à plier devant les puissants au premier froncement de sourcil, de ceux qui n'ont en tête que le tableau d'avancement et leur déroulement de carrière ; mais à l'inverse, il ne fait pas partie des trop nombreux juges, à l'instar d'Éva Joly jadis ou de Philippe Courroye aujourd'hui, qui incarcèrent volontiers leurs « clients », peu familiers des prisons, afin de les faire craquer, d'extraire des dénonciations et des aveux – qui sont souvent remis en cause par la suite. S'il répugne au chantage à l'incarcération, Renaud Van Ruymbeke cherche des pistes et des preuves, sans lésiner sur les moyens pour les obtenir.

Tout frais sorti de l'école de la magistrature, il a vingt-trois ans en 1977 quand il est nommé à Caen à un poste sans histoires. Dernier venu, on lui confie deux ans plus tard une affaire de spéculation immobilière sur la vente de terrains à Ramatuelle, à côté de

Saint-Tropez. Mais voilà qu'au cours de l'instruction, apparaît comme bénéficiaire final le nom de Robert Boulin, alors ministre gaulliste du Travail et de la Participation, dont on parle pour devenir Premier ministre de Valéry Giscard d'Estaing. Le jeune juge cherche à comprendre les rôles respectifs de Robert Boulin et d'un homme d'affaires qui en est proche mais a fui aux Baléares. Un ministre en exercice dans une affaire judiciaire : à l'époque, ce n'est pas banal. Les journaux sont interloqués. Ils se déchaînent. Mais le retournement d'opinion est complet lorsqu'on découvre, le 29 octobre 1979, le corps de Robert Boulin dans un étang de la forêt de Rambouillet, à un endroit où il n'y avait pas plus de 60 cm d'eau. Est-ce un suicide ? Telle sera la version officielle[1]. Avant de mourir, le ministre a rédigé une longue lettre, dont l'authenticité n'a jamais été avérée, dans laquelle il mettait vivement en cause le garde des Sceaux d'alors, Alain Peyrefitte, ainsi que son juge d'instruction : « Le jeune juge Van Ruymbeke, ambitieux, haineux de la société, [...] aveuglé par sa passion de faire un carton sur un ministre est passé à côté de la question. »

La classe politique se déchaîne alors contre les « juges rouges » en général et contre celui-ci en particulier, mais aussi contre la presse. À l'époque jeune journaliste aux *Échos*, un journal qui n'avait pas écrit grand-chose sur l'affaire, je me souviens d'avoir reçu de la part de Jacqueline Beytout, propriétaire du jour-

1. Le septennat de Valéry Giscard d'Estaing a été ponctué de nombreuses morts dans des conditions suspectes de ministres, d'anciens ministres ou d'hommes politiques, parmi lesquels Robert Boulin, Jean de Broglie, Joseph Fontanet, Xavier de La Fournière, Michel d'Ornano, etc.

nal, avec mes confrères, une véritable avoinée collective et avoir été agressé rudement dans les dîners en ville pendant des mois. Rien à voir, bien sûr, avec ce qu'a subi Renaud Van Ruymbeke, alors âgé de vingt-cinq ans. Il n'en laissera rien paraître, mais il est complètement déstabilisé. Pendant quelques semaines, il pleurera toutes les nuits. Pourtant, il n'a commis aucune faute. Son instruction du dossier Boulin sera même qualifiée d'« exemplaire » par le Conseil supérieur de la magistrature. Il n'empêche. La droite et le pouvoir l'attaquent sans vergogne. On fouille dans les dossiers. Comme il est trop jeune pour avoir un passé, alors on fait savoir que son père, dirigeant de l'Union laitière normande, a été membre du parti communiste. Il ne prend même pas la peine de rétorquer que celui-ci a été décoré par les Américains de l'une des plus hautes distinctions militaires, la Silver Star, après son débarquement à Toulon et qu'il a quitté le parti en 1956, après l'écrasement dans le sang de l'insurrection hongroise. Alors on cherche d'éventuelles magouilles à l'Union laitière. En vain. S'il est affecté par les attaques, il n'en laisse rien paraître. Déjà, il a le verbe rare et le sourire en coin de ceux qui savent laisser passer l'écume des choses.

Plus tard, le « juge rouge » se voit accusé par Laurent Fabius, bien mal inspiré, de chercher à « salir le parti de Jaurès et de Blum ». C'est l'époque où Van Ruymbeke instruit l'affaire Urba, ce vaste système de financement occulte du parti socialiste, très efficace pendant les années soixante-dix. Sa perquisition au siège du parti est considérée comme une provocation, alors qu'elle est en fait l'acte fondateur de la nouvelle indépendance des juges par rapport au pouvoir politique. Et de leur nouvelle dépendance vis-à-vis de la presse et d'une opinion publique chauffée à blanc. Les cibles du magistrat sont politiquement éclectiques : il inquiétera longtemps Gérard Longuet, à l'époque brillant leader du parti républicain. À tort, puisque celui-ci bénéficiera d'un nombre record de non-lieux et de relaxes. Van Ruymbeke s'intéressera aussi à l'entourage de Georgina Dufoix, ministre de la Santé, pour une sombre histoire de vente de scanner avec des commissions versées à la clé.

Il participe activement à ce mouvement de libération des juges, qui prend parfois des formes inattendues. On raconte que nombre de ses confrères, dans toute la France, lorsqu'ils se sentent bridés dans leur démarche, lui demandent conseil ou font appel à lui pour faire avancer leur dossier. Ses nombreux ennemis prétendent même que, depuis Rennes, le juge est le grand dispatcher de lettres anonymes qui permettent aux uns et aux autres d'obliger le parquet à élargir leur saisine et à enquêter là où ils le souhaitent ! Cet usage des lettres anonymes à des fins judiciaires, dans une démocratie, est contesté par de nombreux juristes. Parmi les hommes politiques, le sénateur Michel Charasse – l'un des rares qui ose affronter de face et sans complexe les dérives de l'institution judiciaire – préconise carrément l'interdiction d'ouvrir une information judiciaire ou d'élargir une saisine sur la seule base d'une dénonciation anonyme.

Tout en restant strictement dans le cadre de la procédure pénale, Renaud Van Ruymbeke en utilise toutes les possibilités. Il mouille sa chemise, prend des risques, parfois se découvre. Au début des années quatre-vingt-dix, il est une idole pour toute une génération de jeunes juges sortis, comme lui, de l'École nationale de la magistrature, à Bordeaux. Une école où, de 1985 à 1988, comme maître de conférences, il enseigne les complexités de la procédure, les dangers qu'elle recèle et les possibilités qu'elle offre. Considéré comme farouchement légaliste, il a participé, à la rédaction d'un *Mémento de l'instruction*, publié dans la collection « Que sais-je ? ».

Parce qu'il a enseigné à plusieurs générations d'apprentis magistrats, parce qu'il en a formé – comme Éric Halphen – dans son cabinet, parce qu'il est connu, parfois adulé dans la presse et surtout parce qu'il est doté d'un charisme et d'une disponibilité hors du commun, Renaud Van Ruymbeke est peu à peu devenu le symbole des juges d'instruction rigoureux et efficaces. Mais en même temps peu coercitif et régulier vis-à-vis de ceux qu'il met en examen. Un homme qui n'hésite pas à passer des deals et qui respecte sa parole... « Un juge qui donne envie d'être juge[1] », comme l'écrit Laurent Greilsamer.

Dans l'affaire des frégates, ce magistrat modèle va pourtant se heurter à un mur infranchissable : celui du secret défense. Déjà, il a fallu qu'un juge d'instruction genevois, Paul Perraudin, adresse par fax une « transmission spontanée d'information » sur les comptes d'Andrew Wang, l'intermédiaire de Thomson, de Dassault et de Matra à Taïwan, pour que le procureur de Paris, Jean-Pierre Dintilhac, cesse de s'opposer systématiquement à l'ouverture d'une information sur le dossier des frégates. Difficile de se défiler une fois de plus : le juge Perraudin annonce en effet aux Français qu'il a placé sous séquestre plus de

1. Laurent Greilsamer, dans *Le Monde*, 13 mai 2006.

100 millions de dollars qu'Andrew Wang détenait sur ses comptes suisses ! Et que l'intermédiaire est en fuite. Faisant l'objet d'un mandat d'arrêt international lancé par la justice taïwanaise, il a quitté le territoire helvétique. Enfin du concret : le juge Perraudin a identifié et localisé une partie des commissions versées. Tardivement, le parquet de Paris ouvre donc, le 22 juin 2001, une information judiciaire pour abus de biens sociaux et recel lors de « l'exécution de contrats de commissions en relation avec la vente de frégates par la société Thomson à Taïwan ». Dix ans après les faits ! Renaud Van Ruymbeke est chargé d'enquêter. On lui adjoint Dominique de Talancé, une femme entre deux âges, au caractère et au physique rigides, qui n'admettra jamais vraiment l'aura de Van Ruymbeke au palais et dans la presse.

Tous deux se mettent au travail, entendent Roland Dumas qui réitère et précise son interview parue dans *Le Figaro* : « J'ai appris, dit-il, que le gouvernement avait autorisé dans ce contrat le versement de commissions à hauteur de 5 milliards de francs. Cette autorisation a été accordée avec l'aval de François Mitterrand. Taïwan étant demanderesse, rien ne justifiait le versement de ces commissions [...]. Plusieurs rapports des Renseignements généraux avaient évoqué le versement de telles commissions et aussi de probables retours sur commissions en France. » Suit Christine Deviers-Joncour qui ne sait rien de plus que ce que lui a dit son ancien amant. D'autres témoignages sont recueillis jusqu'à ce que, le 16 octobre 2001, Renaud Van Ruymbeke et Dominique de Talancé procèdent à l'audition d'un haut responsable de l'administration des douanes. Ils lui demandent s'il existe un dossier relatif aux déclarations de commissions versées par

Thomson en marge du contrat des frégates. La réponse est aimable, mais abrupte :

– La direction générale des douanes détient un dossier Thomson, mais celui-ci est classifié secret défense. J'en suis désolé : vous ne pourrez en prendre connaissance sans suivre la procédure prévue à cet effet.

– Pouvez-vous au moins me dire si, dans ce dossier Thomson, existe un sous-dossier consacré à la vente des frégates à Taïwan ?

– Je ne peux malheureusement pas vous répondre sur ce point, car cette information est elle-même couverte par le secret défense.

Les deux juges ont compris : la partie ne sera pas facile. Le complexe militaro-industriel entend bien les empêcher de mettre le nez dans ses affaires et de soulever le voile épais qui recouvre les ventes d'armes, l'un des derniers refuges des grands contrats et de la corruption massive. Ils décident, l'après-midi même, de contraindre le pouvoir politique à prendre ses responsabilités en écrivant à Laurent Fabius, alors ministre de l'Économie et des Finances de Jospin. « La direction générale des douanes nous a opposé le secret défense ce jour dans le cadre d'une information suivie à notre cabinet pour des faits d'abus de biens sociaux et de recel commis dans le cadre de la vente par la Sté Thomson-CSF le 31 août 1991 de six frégates [...] à la marine taïwanaise [...]. » Les juges rappellent que Thomson a déclaré aux douanes le versement de commissions à l'étranger les 19 septembre et 19 décembre 1991 qui ont été classées secret défense. Or, plaident-ils, « l'accès à ces documents est essentiel pour la manifestation de la vérité [...]. Les déclarations de plusieurs personnes [...] effectuées dans le cadre de la présente information, soulignent le caractère anormal de ces commissions alors que l'accord des autorités taïwanaises était acquis. L'information vise notamment à chercher si des rétrocommissions au profit de dirigeants ou de responsables politiques ou de formations politiques n'ont pas été, sous le couvert de ces commissions, versées en France et ce avec l'aval des autorités de tutelle. La connaissance du contenu de ces documents est de nature à éclairer l'instruction en cours sur le montant et sur les destinations réelles de ces commissions [...]. Nous avons l'honneur de vous demander en vertu des dispositions de la loi n° 98-567 du 8 juillet 1998 la déclassification et la communication de ces informations protégées au titre du secret de la Défense nationale. Cette demande [...] vise l'ensemble des documents en la possession de la direction générale des douanes concernant le marché susvisé [...] ».

La loi du 8 juillet 1998, instaurée par le gouvernement Jospin dans un souci apparent de démocratisation, a créé une commission consultative du secret de la Défense nationale (CCSDN) seule habilitée à lever le secret. En y faisant référence auprès de Laurent Fabius, Renaud Van Ruymbeke et Dominique de Talancé ont bon espoir que les portes s'ouvriront. Ils déchanteront vite. Réunie fin novembre, la commission affirme que, dans les documents classifiés de Thomson, seuls six feuillets sont de nature à intéresser les deux juges et précise : « La commission a observé que ces six feuillets n'apportaient pas le moindre élément susceptible d'éclairer les juges dans leur enquête, mais surtout elle a constaté que la déclassification et la communication de ces feuillets aux magistrats seraient de nature à nuire de la façon la plus grave aux intérêts fondamentaux de la nation ainsi qu'au respect des engagements extérieurs du pays. »

Toutes les portes vont être cadenassées de la sorte. Car Pierre Lelong, le président de la CCSDN, écrit un peu plus tard à Denis Ranque, nouveau patron de Thomson (rebaptisé Thales), que la classification secret défense de la direction générale des douanes « s'applique ipso facto » aux pièces du dossier Bravo détenues par la société. Ce qui signifie qu'au-delà des cent trente-neuf documents internes déjà classifiés, toutes les pièces connexes, y compris celles qui ne sont pas classifiées, ne pourront jamais être consultées par les juges ! Cette précision fait aussitôt l'objet d'une lettre circulaire, signée du secrétaire général Alexandre de Juniac, adressée à tous les cadres du groupe Thales ayant eu à connaître du contrat Bravo pour leur signifier qu'ils sont tenus au secret absolu. Le verrouillage est désormais total.

Renaud Van Ruymbeke est sincèrement choqué devant un tel refus. Et exaspéré. Il est de ceux pour qui aucun secret, aucune raison d'État, ne justifie que l'on fasse entrave à la justice ; pour qui la transparence, associée à la pureté, est l'une des valeurs qui doivent dominer toutes les autres. De ceux, affirment ses détracteurs, nombreux parmi les industriels de l'armement, qui préfèrent voir la France se faire souffler de gros contrats plutôt que de les savoir entachés d'irrégularités. Tout le contraire de ce qui est la norme dans des pays tels que la Grande-Bretagne, les États-Unis et l'Allemagne où la morale et les intérêts font souvent meilleur ménage.

Il n'y a pas plus forte motivation, pour Van Ruymbeke, que de se faire claquer la porte au nez. Ce fanatique de football sait qu'il faut souvent plusieurs tentatives vaines avant d'enfin marquer un but, au moment où un instant d'inattention déstabilise la défense adverse. Bloqué au centre, en France, il tente de passer par l'aile. Il envoie une commission rogatoire internationale (CRI) aux autorités judiciaires taïwanaises en leur demandant tous les renseignements qu'ils détiennent sur Andrew Wang, Lili Liu, et consorts, sur l'assassinat du capitaine Yin et sur les commissions et rétrocommissions versées à l'occasion du contrat Bravo. Problème : les procédures doivent passer par la voie hiérarchique et diplomatique. Or le ministère de la Justice va bloquer celle-ci. Le 15 janvier 2002, le juge reçoit un courrier de la chancellerie : « J'ai l'honneur de vous retourner ci-joint votre commission rogatoire internationale tout en vous précisant que la France ne reconnaissant plus à Taïwan la qualité d'État depuis 1964, aucune convention bilatérale, ni multilatérale, ne lie la France à Taïwan. » Et le ministère ajoute, pour être bien compris, qu'en vertu d'une loi de 1927, « tous les actes résultant d'une demande d'entraide judiciaire non confirmée par voie diplomatique seraient susceptibles d'être entachés de nullité ».

En clair : Taïwan est un pays ami, auquel on peut vendre avec bonheur des avions, des bateaux de guerre et des missiles, mais n'existe plus, en tant qu'État, dès lors que l'on parle d'une enquête sur des pots-de-vin, enquête souhaitée par les deux parties ! Alors que l'île, qui croule sous les dollars, élit démocratiquement ses représentants, participe à l'Organisation mondiale du commerce et dispose d'une représentation à Paris ! L'hypocrisie des gouvernants et l'usage dévoyé du droit international sont sans limites. On est bien là dans une nouvelle forme du paradoxe dénoncé six ans plus tôt dans l'appel de Genève : les magistrats s'insurgeaient alors du fait que les délinquants puissent blanchir leur argent en trois clics d'ordinateur entre différents paradis fiscaux, tandis qu'il faudrait des années aux enquêteurs pour en trouver la trace.

Renaud Van Ruymbeke est fou de rage contre sa hiérarchie. Il perçoit celle-ci comme complice des voyous et des truqueurs qui, à ses yeux, dominent la société. Il lui manque une case : celle qui pousse à se poser la question de savoir pourquoi, dans certains domaines comme la finance, la défense ou la grande industrie, les États, pratiquement sans exception, tolèrent que le voleur ait toujours un coup d'avance sur le gendarme. Leurs dirigeants sont-ils tous corrompus ? Évidemment non. La vérité, c'est qu'ils doivent arbitrer malaisément entre la morale publique et les intérêts économiques de leur pays, desquels dépendent, entre autres, la croissance, le niveau de chômage et de cohésion nationale qui en découlent. Compte tenu des exigences nouvelles de transparence et de vertu, le secret, du point de vue des dirigeants, a pour fonction de faire le bonheur des peuples malgré eux. Un point de vue il est vrai un peu angélique que Renaud Van Ruymbeke ne partage absolument pas.

Il n'abandonne toujours pas. Plus on l'en empêche, plus il veut savoir qui, en France, a bénéficié des commissions du contrat Bravo. Cela devient, pour lui, presque une idée fixe. Le 12 février 2002, accompagné de sa greffière et d'une escouade de policiers, il déboule sans prévenir au siège de Thales, l'ancien Thomson-CSF. Le chef de la sécurité, qui le reçoit, lui fait part de son habilitation secret défense. Il le conduit dans la salle protégée des archives et lui montre celles concernant le dossier Bravo, qui viennent d'être classées secret par la Défense nationale. Il y a là trois boîtes contenant cent trente-neuf documents, que Van Ruymbeke, hors de lui mais n'en laissant rien paraître, ne peut consulter. Bouillant intérieurement, le juge se retire sans rien emporter. Espérait-il réellement récupérer des documents ou bien cette perquisition infructueuse n'était-elle que médiatique, pour bien marquer son terrain et les responsabilités de chacun ?

Dans l'incapacité d'obtenir des documents, Renaud Van Ruymbeke va alors multiplier les auditions et les témoignages, dont celui du général Imbot. Celui-ci reconnaît que son fils savait tout du dossier des frégates. « Je me souviens d'avoir entendu de sa bouche qu'un certain nombre de personnes à Taïwan et en France avaient fait fortune grâce aux commissions qui ont été versées dans le cadre de cette affaire. Je sais aussi qu'il avait rendez-vous, le lendemain de sa mort, avec un journaliste à qui il voulait parler de tout cela. » Brisé par le chagrin, le général racontera que son fils nageait en plein bonheur : « Toute idée de suicide est donc absolument à exclure. » Puis il reconnaîtra qu'après sa démission, il était toujours en relation avec la DGSE où il avait toujours un officier traitant. Hors procès-verbal, le général ira plus loin, s'affirmant convaincu que son fils a bel et bien été assassiné.

D'autres témoignages, tous plus inutiles les uns que les autres, se succéderont, avec des dirigeants, des techniciens et même un magistrat, devenu salarié de Thales, qui ne cesseront de refuser de répondre à toutes les questions posées. Les deux juges peuvent-ils espérer quelque chose du changement de majorité ? Francis Mer a été nommé à Bercy. Ils écrivent à deux reprises au nouveau ministre, ancien patron d'Arcelor, un homme rigide et bien peu politique. Se laissera-t-il convaincre ? Las. La nouvelle réponse de la commission du secret défense, le 26 juin 2002, est tout aussi négative que la première et s'accompagne de commentaires cinglants sur « l'erreur d'interprétation du magistrat instructeur » qui assimile le secret défense au secret militaire et ajoute que l'emploi de ces arguments « relève donc a minima d'une méconnaissance des textes et des règles régissant le secret de la Défense nationale ». Et d'ajouter, comme un coup de pied de l'âne : « Que cette erreur manifeste d'appréciation soit commise par les médias peut se comprendre, qu'elle apparaisse dans une requête présentée par un magistrat est plus surprenant. » Le 16 juillet 2002, Francis Mer signifie par lettre aux deux magistrats son refus de lever le secret défense sur l'affaire des frégates.

Dernière déception : les commissions rogatoires envoyées en Suisse établissent qu'Andrew Wang n'a pas redistribué la somme pharaonique qu'il a touchée, avant que celle-ci soit placée sous séquestre. Y a-t-il eu ce qu'on appelle des prêts adossés [1] ? Les sommes sont folles. Et l'enjeu considérable. Le contrat Bravo B contient, en effet, une autre clause, évoquée par Roland Dumas, qui explique la volonté du nouveau régime de Taïwan de faire toute la lumière : les quatre paragraphes de son article 18 détaillent l'interdiction

1. C'est une technique de blanchiment qui consiste à verser dans une banque une somme déterminée à laquelle personne ne touche. Le bénéficiaire occulte souscrit un prêt auprès de la banque qui, par un acte privé, est garanti par la somme déposée. Nul ne connaît, sauf la banque, le lien entre les deux.

formelle de verser « toute commission » et « tout engagement de personnel » (lobbying) dans le cadre de ce contrat. La clause 18.3 précise en particulier que « si l'acheteur apprenait qu'une ou des commissions auraient été versées dans le cadre de ce marché, il pourrait soit : (i) rompre le contrat pour défaut du contractant ; (ii) déduire du prix du contrat un montant égal au prix des commissions, pourcentages, frais de courtage, honoraires ou tous autres frais payés par le contractant ». Cet engagement ouvre la porte aux demandes de remboursement, par Taïwan, de toutes les commissions et rétrocommissions versées. Forts d'un contrat d'armement de plusieurs milliards de dollars qui vient d'être signé avec les États-Unis, les Taïwanais n'ont plus de gants à prendre avec la France. De leur côté, ils ont décidé de lever le secret défense sur la vente des frégates. À qui appartiennent les centaines de millions de dollars mis sous séquestre sur un compte suisse ouvert au nom de Bruno Wang, le fils d'Andrew ? Quels ont été les circuits utilisés ? Quels hommes politiques français ont touché à cet argent ?

Thomson a donc signé des clauses interdisant le versement de commissions alors même que l'entreprise s'était engagée à en verser à Alfred Sirven et Christine Deviers-Joncour ! Pour sa défense, Gomez a toujours déclaré devant les juges d'instruction avoir ignoré l'existence de ce contrat. Une affirmation qui fait sourire tous les officiels taïwanais impliqués dans la négociation. « Il n'a jamais ignoré la moindre virgule de tous les contrats portant sur ce dossier », affirme le capitaine de vaisseau Kung, basé en France chez Thomson et à la DCN, entre 1992 et 1995. « Il a rassuré les officiers taïwanais en leur disant qu'il avait fait ce qu'il fallait pour que le veto de l'Élysée saute, grâce à des personnalités bien introduites auprès du gouvernement français », ajoute le contre-amiral Wang. « Thomson nous a expliqué, dès 1990, que le veto de Pékin n'était qu'un écran de fumée et que le vrai problème était politique, lié à l'État français où différents ministres étaient en profond désaccord », conclut l'amiral Lei.

Renaud Van Ruymbeke imagine d'autres filières encore. Son ami Denis Robert, qui s'est laissé envahir par son combat contre Clearstream, l'a convaincu que les commissions et rétrocommissions du contrat Bravo ont été blanchies par ce canal. « Devenu un véritable croisé anticorruption, il [...] cache de moins en moins sa colère devant le "mur de l'argent" et le manque de moyens dont dispose la justice pour lutter contre les malversations financières [1] », écrit Laurent Greilsamer dans *Le Monde.* Frustré, blessé, meurtri par son incapacité à faire avancer son dossier, obsédé par « la demi-douzaine de morts suspectes » provoquées par l'affaire et par le chagrin du général Imbot, Renaud Van Ruymbeke est prêt à tout entendre et à tout faire, lorsqu'un avocat, en avril 2004, vient lui annoncer qu'un industriel connaît les bénéficiaires des rétrocommissions, sait comment l'argent a été blanchi par Clearstream et veut lui faire part de ses informations...

1. Laurent Greilsamer, dans *Le Monde*, 13 mai 2006.

Chapitre 5

Le Prince des Ténèbres

À la fin des années quatre-vingt, Jean-Luc Lagardère, à la fois président de Matra, une société d'armement, petite à l'échelle mondiale mais pointue dans le domaine des missiles, ainsi que du groupe de communication et d'édition Hachette, se rend à Taïwan. Lui aussi a compris, comme Thomson-CSF et Dassault, tout le profit que son groupe pouvait tirer des centaines de milliards de dollars amassés dans les caisses de l'île, de la crainte de ses dirigeants d'être attaqués par la Chine communiste et du risque qu'il avait à être soumis à un embargo sur les ventes d'armes. Il y a aussi un appel d'offres pour le métro de Taïpei, une autre activité de Matra, qui a conçu notamment le Val, qui relie Paris à Orly. Jean-Luc Lagardère exige qu'un bureau de représentation de Matra soit ouvert à Taïwan. C'est probablement là, à l'autre bout du monde, que va se nouer la haine qui l'opposera ultérieurement à Alain Gomez. Yves de Galzain est chargé de le créer et de l'animer. Douze ans plus tard, en août 2001, il décédera d'une attaque cérébrale. Une mort naturelle, qui n'empêchera par Jean-Louis Gergorin, directeur de la stratégie et conseiller de Lagardère, de distiller le doute. Tout comme l'ancien juge Jean-Pierre qui écrira : « La cérémonie a été couverte par des fonctionnaires de la DST, par des agents de la DGSE mais aussi, et c'est plus étonnant, par les services de renseignements chinois[1]. »

Le président de Thomson est fort contrarié de voir débouler Lagardère dans ce qu'il estime son pré carré. Il s'est battu bec et ongles pour prendre le pas sur la direction des constructions navales (DCN), dans la négociation sur la vente des frégates, afin d'en tirer tous les bénéfices. Face à Dassault qui, lui aussi, a flairé l'eldorado des marchands d'armes et les bonnes chances des Français d'y accéder, Gomez veut rester le leader incontesté. À quoi s'ajoutent des relations très particulières avec « Jean-Luc ». Tous deux ont fait carrière dans les industries d'armement, mais avec une différence de taille : arrivé en 1982 à la présidence de Thomson dans la foulée de la victoire socialiste, Gomez est resté à la tête d'une entreprise nationale, avec un mandat renouvelable tous les trois ans, à la merci des alternances successives, obligé de donner des gages aux uns et aux autres et de consacrer une partie de son temps à assurer sa reconduction. Tandis que Jean-Luc Lagardère, entré comme jeune ingénieur chez Matra, alors simple fabricant de bombes, s'est rapidement vu donner les clés de la boutique, ainsi qu'une part du capital, par ses actionnaires d'alors, Sylvain Floirat et Marcel Chassagny. Il en a fait « son » entreprise et le rapport de force avec les politiques est en sa faveur. En effet, Valéry Giscard d'Estaing lui a confié la vieille maison Hachette ; et François Mitterrand a accepté le prin-

1. Thierry Jean-Pierre, *Taïwan Connection, scandales et meurtres au cœur de la République*, *op. cit.*

cipe d'une nationalisation de façade : du sur-mesure, puisque l'État se contentait de la moitié du capital, en donnant la garantie de laisser les équipes en place, à commencer par son président. Mieux : au moment de la nationalisation comme à celui de la privatisation, celui-ci a obtenu, chaque fois, une augmentation des fonds propres de Matra et l'élargissement de sa surface financière personnelle...

Autre différence, de taille : Alain Gomez est un joueur de billard, adepte des restructurations industrielles et des grands contrats internationaux, mais ses compétences de gestionnaire sont limitées. Elles sont même proches de zéro dans le domaine des activités civiles, qui réalisent la moitié de son chiffre d'affaires mais accumulent pertes et dettes : elles ne l'intéressent pas. Alors que Lagardère est un véritable créatif, qui ne cesse de se lancer dans de nouvelles activités (la voiture, l'horlogerie, le football professionnel, la télévision) quitte à les abandonner lorsqu'elles ne portent pas les fruits escomptés. Dans leur couple, même s'ils n'en laissent rien paraître, le dominant c'est Jean-Luc et le dominé Alain. Qui le sait et en est intimement jaloux.

En décembre 1991, Alain Gomez croit que l'heure de la revanche a enfin sonné. Ce qui paraissait invraisemblable s'est produit : La Cinq, une chaîne de télévision privée qui a déboulé quelques années plus tôt dans le paysage audiovisuel, dépose son bilan. Lancée par Silvio Berlusconi, alors dans les petits papiers de François Mitterrand, elle a été détenue par Robert Hersant qui, voyant l'impasse dans lequel il se trouvait, l'a revendue à Jean-Luc Lagardère. Poussé par ses ambitions audiovisuelles, meurtri par l'octroi, quelques années plus tôt, de TF1 à Bouygues, alors qu'il tenait la corde[1], Lagardère s'est fait refiler un cheval fourbu, comme un pigeon venu de la ville, face à des maquignons !

Philippe Camus, son bras droit, en charge des affaires financières, est alors à Prague. Il croit naïvement qu'il va se faire arrêter à la frontière, à son retour en France, tant il connaît la profondeur de l'océan de dettes. Le dépôt de bilan de La Cinq, qui sera inéluctablement suivi d'une liquidation, risque de faire plonger Hachette, et Matra par ricochet. Dès son retour en France, Camus lance un plan de sauvetage d'Hachette. Fin janvier 1992, il parvient à convaincre les banques de le soutenir, avec l'appui du gouvernement – Jean-Luc étant allé jusqu'à menacer de vendre Matra aux Allemands de Dasa.

En avril, l'inéluctable arrive : La Cinq, qui a accumulé 3 milliards de francs de pertes en un an, est mise en liquidation. Fin juillet, par un effet de dominos classique, Hachette n'arrive pas à honorer ses échéances. Lagardère cède aux banques qui exigent un nantissement de leurs prêts par les actions de l'entreprise. C'est alors que germe l'idée d'une fusion Matra-Hachette, pour sauver l'ensemble. En novembre, Lagardère bloque une tentative d'OPA d'Havas sur Hachette qui, en cas de succès, aurait été suivie d'une OPA d'Alcatel-Alsthom (qui deviendra Alcatel) sur Matra. Pierre Dauzier, patron d'Havas, et Pierre Suard, patron d'Alcatel-

1. La victoire de Bouygues a été obtenue avec l'appui de Bernard Tapie, dont la prestation devant la Haute Autorité de l'audiovisuel a été brillante et explique le soutien constant dont il a bénéficié par la suite de la part de Patrick Le Lay. Mais des rumeurs de corruption de trois membres de cette instance ont longtemps couru.

Alsthom, chargent leurs directeurs juridiques d'étudier tous les moyens possibles pour empêcher la fusion Matra-Hachette, prévue pour la fin de l'année.

Quatre ans plus tard, une note anonyme, sans date ni en-tête, qui me sera remise par Jean-Louis Gergorin, relatera cet épisode à sa manière, accusatoire et peu intelligible. Je la livre telle quelle : « Alain Gomez essaie alors de déstabiliser Matra en raison de la rivalité industrielle, mais aussi en raison de l'hostilité d'un "cartel de rétro intermédiaires" (très liés à Gomez et également à Le Floch [1] et Jean-Marc Oury [2]) hostiles à Matra qui, tout en utilisant à l'étranger les méthodes obligatoires d'action commerciale, a toujours refusé d'entrer dans le système des rétrocommissions [3]. » Décodage : champion des rétrocommissions, Alain Gomez veut faire tomber Jean-Luc Lagardère, hostile à ces pratiques... L'âme de cette déstabilisation, selon Gergorin, est Olivier Lambert, ancien directeur juridique de Thomson qui poursuit son activité à travers le cabinet Olivier Lambert et associés, qualifié dans la note anonyme de « créateur et animateur d'un des plus importants systèmes de rétrocommissions et de financements occultes des partis politiques, notamment grâce à un vaste réseau de sociétés off-shore, liées aux exportations ». Aucune preuve n'est apportée et Gomez, comme Lambert ont démenti toute participation active à de tels détournements. Mais l'hostilité devient désormais de plus en plus déclarée entre les deux groupes.

1. L'ancien président d'Elf, Loïk Le Floch-Prigent, alors incarcéré.

2. Ancien président de la compagnie immobilière Phénix.

3. Ces accusations n'ont, à ce jour, jamais été confirmées ni relayées par des procédures judiciaires contre les personnes citées.

Or la tentative de déstabilisation va échouer. En décembre, la fusion entre Matra et Hachette est réalisée, sur la base de 2,6 actions Hachette pour une action Matra. Le groupe est sauvé. Grâce à l'apport de Matra, il dispose d'une trésorerie abondante. Et son avenir est assuré. Car le mois précédent, Matra a signé, en secret, un contrat de 1,5 milliard de dollars avec Taïwan. La société a vendu 960 missiles air-air Mica et 480 missiles Magic à Taïwan, pour équiper les Mirage 2000 fournis au même moment par Dassault. Par crainte d'un futur embargo, les Taïwanais ont doublé le montant de la commande au dernier moment. Ils ont l'argent, ils veulent des stocks pour ne pas être pris de court en cas de conflit avec Pékin. La question est posée : ont-ils aussi doublé le prix comme ils l'ont fait avec les frégates ?

Problème : le contrat taïwanais n'a pas été révélé ni pris en compte dans l'évaluation des parités entre Matra et Hachette. À partir de là, va se déployer une extravagante bataille entre Thomson et Lagardère, qui durera plusieurs années et où tous les coups seront permis. La tentative de déstabilisation du groupe Matra-Hachette, qui sera rebaptisé Lagardère, portera même un nom : ce sera l'opération « couper les ailes de l'oiseau ». Elle est conduite par un avocat américain d'origine chinoise : William Lee. Celui-ci va se saisir des conditions du rapprochement Matra-Hachette pour engager des poursuites, fondées sur le fait que la fusion de décembre 1992 aurait lésé les actionnaires de Matra, car le contrat taïwanais n'a pas été pris en compte dans l'évaluation des parités. Lagardère rétorquera qu'il s'agissait non d'une activité mais d'une commande, qui n'avait donc pas à être inscrite dans les comptes. Commande qui était, de plus, couverte par le secret défense.

William Lee affirme qu'il a lancé ces poursuites pour gagner des millions de dollars et en faire gagner aux autres actionnaires de Matra. Lee est soutenu par le fonds d'investissement Calpers, qui gère les futures retraites des fonctionnaires de l'État de Californie. Calpers est l'un des plus gros acteurs sur les marchés financiers du monde. Des petits actionnaires de Matra, prêts à attaquer, sont recrutés, à l'américaine, par des petites annonces passées dans les quotidiens *Wall Street Journal* et *Les Échos.*

Dans un premier temps, la réaction du lobby militaro-industriel est immédiate : Lagardère, les autres industriels de l'armement, les services spéciaux et le ministère de la Défense (une entité que les Américains appellent « France Inc. ») estiment qu'ils sont confrontés à un complot. De qui ? De la CIA, bien sûr, qui ne rêve que d'attaquer les intérêts essentiels de la France. Né en 1939, fils d'un Américain d'origine chinoise spécialiste des fusées et d'une mère allemande, William Lee a, il est vrai, le profil type. Il a passé six ans au Département d'État, avant de quitter le gouvernement, en 1966, pour la Harvard Law School puis de rejoindre Shearman & Sterling. En 1972, il s'installe à Paris pour ce cabinet d'avocats, dont il deviendra le président, avant de le quitter en 1992 pour entrer (à temps partiel) chez Kroll Associates, redoutable société spécialisée dans la « sécurité » des grandes entreprises, qui récupère à l'époque de nombreux anciens de la CIA et du FBI. Kroll a toujours démenti être une émanation de la CIA, dans un scepticisme général.

Assez rapidement, les dirigeants de Matra-Hachette, au premier rang desquels Jean-Louis Gergorin, affirment que, si la CIA joue un rôle, elle n'est pas seule. Ils évoquent officiellement « un concurrent français » et, en privé, désignent Thomson, qui commence à traverser une passe difficile : son investissement de 20 % dans le Crédit Lyonnais, en pleine déconfiture, s'est révélé désastreux.

Lagardère remporte la première bataille : fin mai, la COB déboute William Lee de son action et considère régulière la fusion de Matra et d'Hachette. Certes, le conformisme de la COB enlève toute valeur aux brevets de vertu qu'elle délivre mais le fonds Calpers, sentant le terrain dangereux, se retire du jeu. Les hommes de Lagardère exultent, car ce fonds assurait la crédibilité de Lee. Quinze jours plus tard, c'est le tribunal de commerce qui déboute les petits actionnaires de Matra, pour la plupart recrutés par petites annonces.

Mais William Lee ne désarme pas : il choisit l'avocat Thierry Lévy pour faire parvenir à Paul Lombard, avocat de Matra, un « mémo de proposition de règlement ». Lee suggère un armistice, moyennant... le versement par Matra de 144 731 176 francs, officiellement pour dédommager les petits actionnaires plaignants et pour rembourser les frais d'avocat et de justice engagés ! Sinon, les hostilités reprendront, plus violentes qu'avant. Des campagnes de presse contre Matra seront lancées, en France et à Taïwan. Faute d'un accord conclu avant le 15 septembre 1994, les menaces seront mises à exécution. En avant-goût, le service de communication de Matra reçoit un étrange questionnaire d'un journaliste taïwanais. Celui-ci publie, quelques semaines plus tard, un article faisant l'amalgame entre l'affaire des frégates, la mort du capitaine Yin, la contestation de la parité de la fusion Matra-Hachette et la prétendue mauvaise fiabilité des missiles déjà livrés. Matra y apparaît comme fragile, en sursis, impliquée dans des affaires de droit commun et qui, de plus, livre des produits chers et inadaptés.

Jean-Luc Lagardère refuse sèchement ce qu'il qualifie de « chantage » et de « tentative d'extorsion de fonds ». Comme promis, William Lee va alors passer à la vitesse supérieure. Il pousse des petits actionnaires français à porter plainte au pénal contre Matra. Et le 16 septembre 1994, il fait adresser par l'un d'entre eux, Jean-Pierre Malen, une lettre au président de la République de Taïwan, avec copie au Premier ministre Edouard Balladur, à François Léotard, ministre de la Défense, et à plusieurs officiels français. Cette lettre met en garde contre le risque que la procédure pénale engagée puisse remettre en cause le paiement de commissions à Taïwan et de rétrocommissions à des hommes politiques. Elle dénonce la surfacturation des matériels livrés, permettant la corruption des partis politiques français. William Lee reconnaîtra plus tard dans plusieurs interviews qu'il n'avait pas de preuves d'un tel scandale. Mais, selon lui, la réaction française a été très instructive sur ce qu'est « France Inc. » : « Le système fonctionne comme en Italie, au Japon ou en Corée du Sud où les fonctionnaires (y compris les services spéciaux) et les grandes entreprises agissent la main dans la main, jusqu'à se sentir intouchables et non concernés par les règles légales », affirme-t-il à l'*International Herald Tribune*, qui qualifie l'affaire Lee de « chapitre bizarre de ce qui devient l'une des rivalités d'espions les plus chaudes du moment – la bataille entre la France et les États-Unis sur l'espionnage économique [1] ».

La lettre de dénonciation rédigée en anglais et adressée au président de Taïwan va mettre le feu aux pou-

1. *International Herald Tribune*, 10 janvier 1996.

dres. C'est une véritable déclaration de guerre à Lagardère. Priorité : qui est ce Jean-Pierre Malen ? Le 28 septembre 1994, Pierre Leroy, secrétaire général du groupe Matra, prend son téléphone. Il est entouré de Jean-Luc Lagardère et de sa garde rapprochée, dont Jean-Louis Gergorin. Le magnétophone est branché. S'ensuit alors l'échange surréaliste suivant, rapporté par Sophie Coignard dans son livre *La Vendetta française* :

« – Monsieur Jean-Pierre Malen ?

– Oui, c'est lui-même...

– Bonjour monsieur. Je suis Pierre Leroy, secrétaire général du groupe Lagardère, c'est-à-dire Matra-Hachette.

– Oui ?

– Est-ce que vous avez quelques minutes à m'accorder ?

– Oui, bien sûr !

– Bon, je me présente d'abord [...]. Je connais votre nom, bien sûr, puisque vous faites partie des huit actionnaires qui nous ont assignés en justice pour faire annuler la fusion Matra-Hachette de fin 1992...

– Oui et... et... dont on a ... dont... enfin... jugement dont on a été déboutés...

– Dont vous avez été déboutés et dont vous avez fait appel il y a quelques semaines, je crois ?

– Oui.

– Il se trouve que, comme la presse s'en est fait l'écho il y a quelques jours, nous avons été l'objet d'une tentative de chantage qui a cherché à monnayer l'arrêt de la procédure en cours ou d'éventuelles procédures à venir...

– Heu, heu...

– ... dont on nous a plus ou moins menacés.

– Oui...

– Il se trouve qu'en même temps, nous avions connaissance de l'existence d'un projet de lettre, qui était en préparation aux États-Unis, dans le but de nous porter atteinte de manière grave au regard de notre client taïwanais et du contrat de missiles...

– Oui...

– Et puis enfin, nous venons d'avoir connaissance de la lettre elle-même [...] dont nous avons appris qu'elle avait été adressée à tout un ensemble d'autorités taïwanaises ainsi qu'au ministre français de la Défense...

– Heu... Heu...

– Et à notre grande surprise, cette lettre est signée par vous !

– Oui, oui.

– C'est une lettre de cinq pages en anglais. Que vous connaissez ?

– Oui, oui, oui, parfaitement.

– Cette lettre évidemment nous étonne – le mot est faible –, elle nous stupéfie.

– Heu... Heu...

– Elle nous stupéfie par son contenu qui est très grave, qui comporte des choses inadmissibles pour nous...

– Heu...

– ... des accusations de corruption, appel aux dirigeants chinois pour poursuivre pénalement M. Lagardère, etc.

– Ah...

– ... Et elle nous stupéfie aussi parce que cette lettre émane d'un actionnaire tout en visant à causer un préjudice très important à l'ensemble des 150 000 actionnaires du groupe...

– Heu, heu...

– Cela nous surprend énormément qu'elle puisse venir de vous, à tel point que nous ne le croyons pas...

– Oui. Heu...

– Alors ma démarche auprès de vous maintenant, c'est de penser que vous n'avez pas eu toute l'information, ni l'éclairage...

– Ah non, ça, voilà...[1] »

Leroy demande alors à Jean-Pierre Malen de le rencontrer. Celui-ci élude. Il est clair qu'il n'est qu'un sous-fifre. C'est Lee qui le manipule. Mais qui est derrière Lee ? La CIA ? Alain Gomez ? D'autres protagonistes ?

Jean-Luc Lagardère charge alors Jean-Louis Gergorin d'une mission capitale : mener l'enquête et contrer les attaques de William Lee, en lui fixant un cadre précis : rester dans la stricte légalité, n'accepter aucun contact compromettant et, bien entendu, ne pas verser le moindre fonds aux maîtres chanteurs, quels qu'ils soient. Des règles dont Gergorin va très vite s'affranchir, comme il l'avouera plus tard à son patron. Il commence par rencontrer Alain Gomez, au début du mois d'octobre 1994. Il lui pose d'emblée la question :

– Pourquoi fais-tu travailler Lee contre nous ?

– Il ne travaille pas contre vous. Thomson l'emploie pour promouvoir son image à Taïwan.

– Les services m'assurent qu'il travaille aussi pour la CIA. Pourquoi le laisses-tu foutre sa merde et nuire aux intérêts de toute l'industrie française de défense ?

– Je ne crois pas qu'il travaille pour la CIA, répond Gomez.

---

1. Sophie Coignard, *La Vendetta française*, Albin Michel, 2003.

Gergorin montre alors à son interlocuteur les lettres signées de Jean-Pierre Malen.

– Peux-tu m'assurer que Lee et toi n'êtes pas derrière ça ?

– C'est effectivement une lettre de maître chanteur. Je n'y suis pour rien.

– Et Lee ?

– Je n'en sais rien, mais je vais voir ça de plus près. Je vais tenter de toute façon de le ramener à la raison.

C'est alors que Gomez aurait soufflé à Gergorin, selon ce que ce dernier m'a raconté, autour d'une table du restaurant Guy Savoy, au printemps 1996 : « Je ne suis pas sûr de pouvoir tenir Lee. Il y a des risques. À mon avis, si j'étais vous, je paierais. »

Deux jours plus tard, Jean-Louis Gergorin a rendez-vous avec Raymond Nart, le numéro deux de la DST, dans son bureau. C'est Nart qui l'a contacté : la veille, un de ses informateurs l'a prévenu qu'une opération de déstabilisation allait être menée contre Jean-Luc Lagardère. La discussion s'engage. La question, à un moment, est posée : comment obtenir de plus amples informations sur cette attaque ?

Datée du 14 octobre, une note interne de la DST, classée confidentiel défense, adressée au directeur de la DST, est sans ambiguïté : « Notre agent et ses interlocuteurs sont convenus de la première mise de fonds à engager pour l'opération dite d'accès en temps réel, soit 300 000 francs. Cette somme a été remise le jour même à 13 h 30 en liquide, M. Gergorin souhaitant qu'aucune trace du contrat n'apparaisse[1]. » Au procès

1. Cette note sera déclassifiée en mai 2003, à la demande de la justice.

public entre Thomson et Lagardère dans l'affaire « couper les ailes de l'oiseau », fin 2005, cette note sera mise devant les yeux de Gergorin. Celui-ci, niant l'évidence avec un aplomb extraordinaire, affirmera qu'il n'a jamais remis la moindre somme à la DST ! Comment avouer, en effet, qu'un des plus hauts dirigeants d'une entreprise privée puisse rémunérer des membres d'un service d'État comme la DST ? En liquide de surcroît.

S'ensuit un épisode graveleux, révélé au cours du procès public, qui dévoile la face cachée et peu reluisante de certains services secrets : un enquêteur de la DST s'est rendu au domicile d'une secrétaire de Lee et, selon la dame, qui pleurnichait à l'audience, a eu des relations sexuelles avec elle, en l'intimidant. Des rapports forcés qui ont duré plusieurs mois, alors que l'enquête était depuis longtemps terminée sans, bien entendu, qu'il l'en avertisse !

Il ne faudra en effet pas plus de quelques jours pour que la DST ramène ses premières informations sur la stratégie de William Lee et les plaintes qu'il va déposer. Le correspondant de Jean-Louis Gergorin fait état de ses déplacements, des hôtels où il loge à Londres, avec qui il déjeune. Mais le directeur de la stratégie – c'est son titre – attendait plus. La note de la DST relève que les responsables de Matra sont « un peu déçus » et « attendent du sensationnel ».

En fait, la DST tient un double langage. Dans ces relations avec Gergorin, elle présente William Lee comme une marionnette d'Alain Gomez – elle a été payée pour cela. Mais, face à ses autorités de tutelle, elle continue de présenter l'avocat américain comme agissant pour le compte de la CIA et des Américains. Le 16 janvier 1995, coup de tonnerre dans les relations diplomatiques franco-américaines : ministre de l'Intérieur, Charles Pasqua convoque l'ambassadrice Pamela Harriman pour se plaindre de l'espionnage économique américain contre la France et exige le départ immédiat de France de plusieurs espions américains. Il lui présente une liste sur laquelle figure William Lee.

Pris la main dans le sac, avec des preuves tangibles sur les activités de certains responsables nommément désignés, les Américains réagissent modérément. Mais dans ces circonstances, lorsqu'un conflit de cette nature surgit entre des nations alliées, des discussions secrètes ont toujours lieu. C'est l'intérêt des deux parties de séparer le bon grain de l'ivraie. Pendant plus d'un mois, pendant que se déroulent les négociations, rien ne filtre. Et le 22 février, lorsque le scandale des espions américains devient public, William Lee n'est plus sur la liste des expulsés. La CIA a garanti à Pasqua, par l'intermédiaire de Pamela Harriman, que l'avocat n'était pas l'un de ses agents. Mais pour lui, le répit sera de courte durée. Car le 11 avril, l'ambassade des États-Unis le convoque : un officier lui annonce que sa vie est en danger et qu'il doit quitter immédiatement le pays. Ce qu'il fait aussitôt, direction Londres.

Une note interne du contre-espionnage français, datée du 23 juin 1995, adressée à son directeur, décrit le système de factures à fausses imputations qui, selon le service, aurait permis à Thomson de payer sur des comptes suisses. Elle explique comment William Lee a été choisi pour égarer les soupçons : « (...) S'agissant d'une agression contre un industriel français, spécialisé entre autres choses dans le domaine de l'armement, ils ne pouvaient ignorer que les services de renseignement français seraient saisis pour enquête. En portant leur choix sur un juriste sino-américain [...], ils désignaient à la sagacité des services français deux adversaires potentiels, les États-Unis et leur complexe militaro-industriel mais aussi la Chine, particulièrement agacée par les contrats assurant à Taïwan la maîtrise aérienne en cas de conflit. » La note ajoute : « Les services français allaient être confrontés à une vaste manipulation orchestrée autour d'une vaste machination. » Vous avez dit manipulation ?

La note de la DST fait aussi état de menaces et de violences : « Michael Stevens, homme d'affaires britannique associé jusqu'au mois d'août 1994 avec William Lee, a fait l'objet de menaces de mort alors qu'il s'apprêtait à faire des révélations à un représentant du service en février dernier [...]. L'épouse de Michael Stevens a fait l'objet, au mois d'avril 1995, de violences de la part d'un individu qu'elle avait eu la mauvaise idée d'inviter chez elle. Son agresseur lui réclamait les dossiers de M. Stevens sur l'affaire Lagardère Groupe. Ce dernier a déconseillé à son ex-femme de déposer plainte en craignant pour sa vie et pour la sienne [...]. Mark Hubbard, homme d'affaires britannique en relation avec Olivier Lambert, a fait lui aussi l'objet de menaces sur son intégrité physique s'il se montrait trop bavard avec les autorités françaises [...] William Lee s'est envolé précipitamment de France le 11 avril 1995, étant informé qu'un contrat avait été passé visant à le supprimer. L'avocat tenait cette information de l'ambassade américaine à Paris. »

Mais là où la DST devient passionnante, c'est lorsqu'elle prend la défense de son correspondant, d'une façon qui paraît aujourd'hui prémonitoire : « Jean-

Louis Gergorin est la cible depuis quelques semaines d'une campagne d'intoxication visant à le faire passer pour un fou auprès des milieux industriels mais aussi du président de Lagardère Groupe. Cette campagne serait orchestrée par Pierre Lethier[1] et relayée par Thierry Imbot. » Fou, Jean-Louis Gergorin ? Qui pourrait l'imaginer ?

Certainement pas Jean-Luc Lagardère, à ce stade du moins. Car il va avoir la preuve, de la bouche du cheval, que le chantage exercé par Alain Gomez sur son groupe est bien réel. Nous sommes le 13 décembre 1995, en fin d'après-midi. Paris est entièrement bloqué par la grande grève des transports en commun, à la suite du plan Juppé. Lagardère et Gomez ont participé à un conseil d'administration du Crédit Lyonnais, dont ils sont tous deux administrateurs. Il leur faudrait deux heures pour rejoindre en voiture leurs bureaux respectifs. Ils décident donc de marcher, comme le font tous les Parisiens, du boulevard des Italiens jusqu'à la place de l'Étoile. Étrange équipage que ces deux pontes de l'armement qui déambulent sur les trottoirs encombrés, précédés et suivis de leurs gardes du corps aux aguets, tandis que leurs chauffeurs restent englués dans les embouteillages. À son retour, Jean-Luc Lagardère réunit ses proches pour leur dire que Gomez lui a confié que Lee ne lâcherait pas le morceau et que l'intérêt du groupe était de le payer.

Sept ans après, en février 2003, devant un juge et

1. Pierre Lethier est un ancien agent secret entré depuis dans les affaires. Il sera plus tard condamné dans l'affaire Elf. Il s'est toujours défendu d'avoir joué le rôle qu'on lui a attribué.

devant Alain Gomez avec lequel il est confronté, Jean-Luc Lagardère livrera une version beaucoup plus soft de l'épisode : « Nous avons eu une longue marche avec M. Gomez dans les rues de Paris où ce dernier me dit que Lee est très dangereux pour tout le monde et qu'il faudrait faire tout ce que l'on peut pour le calmer. Je lui ai dit que nous ne lui donnerions évidemment pas d'argent, mais l'ego peut se calmer avec de la considération et j'ai dit en effet à M. Gergorin qu'il pouvait voir M. Lee mais que j'avais peu d'espoirs [...]. Je peux dire que je n'ai jamais imaginé une guerre contre M. Gomez [...]. Ce qui m'a personnellement touché, c'est qu'il avait apparemment lui-même organisé la chasse au Matra. » Devant le juge, Lagardère calme le jeu. Mais au terme de la confrontation, sur le trottoir, leurs avocats assisteront à une scène inouïe. Jean-Luc Lagardère prend Alain Gomez au col et lui lance :

– Mais pourquoi m'as-tu fait ça ?

– Tu ne peux pas comprendre, je t'expliquerai plus tard.

Trois semaines plus tard, Jean-Luc Lagardère tombera brutalement dans un coma dont il ne sortira pas.

Devant le juge qui enquête sur l'opération « couper les ailes de l'oiseau », Lagardère a proféré un pieux mensonge. Il a couvert Jean-Louis Gergorin en disant qu'il l'avait autorisé à rencontrer William Lee et Alain Gomez, alors qu'il le lui avait clairement interdit : « Jean-Louis, on ne discute pas avec ces gens-là. » Longtemps, Lagardère évitera toute confrontation directe avec Gomez pour ne pas insulter l'avenir. En janvier 1995, tous deux à Courchevel s'étaient retrouvés par hasard à la même table, entourés d'amis. Gomez a tenté de parler de l'affaire mais Lagardère a éludé. Ce n'était pas le lieu et il voulait à tout prix garder la fiction d'une bonne entente avec son concurrent.

C'est avec la vendetta Matra-Hachette-Thomson que Gergorin va devenir de plus en plus exalté. À cette époque, il « monte une officine d'espionnage privée personnelle », selon les mots d'un de ses proches qui en a longtemps rigolé : le directeur de la stratégie de Lagardère faisait faire des filatures par son chauffeur qui, en raison de son embonpoint, était repérable à 100 mètres, et envoyait sa secrétaire, qui n'avait rien d'une Mata Hari, écouter les conversations dans les bars d'hôtels, affublée d'un fume-cigarette !

Un an plus tard, le combat irrationnel et autodestructeur entre les deux dinosaures industriels de la défense cessera brutalement. Le lundi 9 février 1996, Alain Juppé, Premier ministre de Jacques Chirac, convoque en effet Alain Gomez pour le surlendemain à 8 h 30, avant le Conseil des ministres. Pour Gomez, cela ne fait aucun doute : il a une nouvelle fois sauvé sa tête grâce, notamment, à un accord qu'il négocie avec l'un de ses concurrents anglais.

C'est dire à quel point, le mercredi matin, Gomez est cueilli à froid par Juppé qui lui déclare, d'emblée :

– Mon cher Alain, nous allons privatiser Thomson, comme tu le souhaites, mais je suis au regret de te dire que ce ne sera pas avec toi.

– OK, j'ai compris : je paie mes anciennes amitiés socialistes et mon soutien à Balladur.

– Non, ce n'est pas ça. Je vais t'expliquer.

– Il n'y a rien à expliquer. Je n'ai pas de temps à perdre. Salut.

Gomez coupe court à la discussion et quitte brutalement le bureau du Premier ministre. Quatorze ans à la tête d'un des plus grands groupes publics français et quatorze minutes pour en être chassé ! Dans la rue, devant Matignon, sonné comme le boxeur qu'il a été, il se rend compte que son chauffeur n'est pas là, car après l'avoir déposé, il a conduit ses enfants à l'école. Il était prévu qu'il revienne vers 9 h 30. Gomez saute dans un taxi. Un quart d'heure plus tard, peu avant 9 h 15, il est de retour à son bureau. Il réunit ses collaborateurs et leur lâche, d'une voix blanche : « Je plie bagages, je suis viré. » Le stratège n'a rien vu venir, rien compris au film.

Il est vrai que son éviction a été montée comme une opération militaire : endormir l'ennemi et ne lui laisser aucune chance ni position de repli. Franck Borotra, ministre de l'Industrie, se fait tirer l'oreille pour signer, avant le Conseil des ministres, le décret de privatisation de Thomson, l'éviction de Gomez et son remplacement par Marcel Roulet, cheval de retour de l'industrie des télécoms. Borotra est furieux : ministre en charge du dossier, il n'était pas au courant ! Alain Juppé se justifiera : il ne pouvait être question de laisser une seconde au patron de Thomson pour activer ses réseaux, allumer des contrefeux ou lancer ses grenades. « Il en avait dix, réelles ou factices, à portée de chaque main et le but était de le tuer avant qu'il ne puisse en dégoupiller une seule », commente alors Jean-Louis Gergorin qui, à l'époque, comparait volontiers Gomez à Mesrine !

Très vite, le PDG en disgrâce réalise ce qui s'est passé : le lobbying de Lagardère a joué un rôle décisif dans son éviction. Deux de ses lieutenants ont été à la manœuvre. Noël Forgeard, alors directeur général du groupe, a pesé auprès de Jacques Chirac, avec lequel il entretient des liens privilégiés depuis qu'il a été son conseiller aux affaires industrielles à Matignon, entre 1986 et 1988. Jean-Louis Gergorin, lui, est intervenu directement après de Dominique Galouzeau de Villepin, secrétaire général de l'Élysée.

Les deux hommes, issus du Quai d'Orsay, sont proches. Ils ont participé ensemble au Centre d'analyse et de prévision (CAP) créé en 1973 par Michel Jobert, ministre des Affaires étrangères de Pompidou. La direction avait été confiée à Thierry de Montbrial. Mais en 1979, sous Giscard, Montbrial est chargé de créer l'Institut français de relations internationales (IFRI). Il offre donc le CAP à son ami Gergorin, qui arbore à l'époque un look post-soixante-huitard, avec d'énormes moustaches rousses et des costumes cintrés à pattes d'éléphant. Au Quai d'Orsay, Gergorin s'entoure des meilleurs. En 1981, il engage un jeune énarque ; en poste à la direction des affaires africaines et malgaches, celui-ci n'a aucune envie de quitter Paris pour aller s'enfermer, loin des centres de décision, dans une petite ambassade : un certain Villepin. Les deux hommes deviennent proches et le resteront, unis par une même aversion du monde communiste dont ils sont convaincus qu'il va conquérir la planète, par le même caractère exalté et comploteur, ainsi que par leur goût commun du renseignement. « Une camaraderie forte [1] », dira plus tard Gergorin. En réalité beaucoup plus que cela : il s'agit d'une véritable amitié, nourrie par des années de coups montés en commun. Des coups tordus et d'autres qui ne le sont pas. C'est

1. Jean-Louis Gergorin, dans *Le Figaro,* 16 novembre 2004.

ainsi qu'après le discours s'opposant à la guerre en Irak, prononcé par Dominique de Villepin devant les Nations unies en 2003, c'est Jean-Louis Gergorin qui renouera les liens, rendant possible l'invitation à dîner, au Quai d'Orsay, de l'ancien Secrétaire d'État Henry Kissinger, en janvier 2004.

Mais au-delà des inimitiés, c'est le rôle joué par Gomez dans la tentative de déstabilisation de Matra à propos de son contrat à Taïwan qui a scellé son sort. La maison Lagardère a eu sa peau. Mais elle n'est pas la seule. Ce que Gomez a mal mesuré, c'est à quel point son éviction a été perçue par l'ensemble des acteurs – hommes politiques, chefs militaires et industriels – comme un préalable indispensable à toute réorganisation des industries de défense françaises. Cet homme, qui avait survécu à sept gouvernements et à deux cohabitations, était devenu le symbole d'une époque dont Chirac ne voulait plus entendre parler : celle où les patrons d'entreprises publiques se considéraient propriétaires de leur fief sans accepter la tutelle de l'État.

Il y a une dernière raison, plus discrète, qui a provoqué son éviction par Chirac. Et le patron déchu me la livrera lui-même, au cours de la seule entrevue que j'aie eue avec lui, après son renvoi. Il m'avait appelé pour me voir et nous avions pris rendez-vous au café de la Paix, place de l'Opéra, par une belle journée de printemps. Je l'avais attendu, en remarquant la présence de quelques moustachus, assis à des tables voisines, en train de lire leur journal sans tourner les pages. Soudain, un serveur me demande de rejoindre l'arrière-salle. Là, Alain Gomez m'invite à le suivre à travers un dédale de couloirs jusqu'à une chambre d'hôtel. C'était pour me dire du mal de Jean-Luc

Lagardère, qui, « comme à son habitude, séduit, corrompt ou menace » ; et me faire état de liens suspects entre Lagardère et André Guelfi, surnommé Dédé la Sardine, intermédiaire condamné dans l'affaire Elf, « cité dans la plainte de William Lee pour tentative de meurtre sur sa personne ». Il m'assurait aussi que le même Lagardère avait stupidement « fait sauter tous les réseaux du Chinois[1] » ; et m'avoua qu'il avait dit à Lagardère de « donner à Lee la moitié des 25 millions de dollars que celui-ci réclamait ». Mais au cours de cette entrevue secrète, Alain Gomez m'a aussi confié le motif de son renvoi brutal, par Alain Juppé, avec une formulation en apparence énigmatique : « J'ai surtout été sanctionné pour avoir oublié de payer le jambon, entre les deux tranches du sandwich. » Décodage simple : Gomez venait de me dire qu'il avait payé le parti socialiste et les balladuriens. Ce qui explique sans doute pourquoi le gouvernement Balladur a fait voter nuitamment, en 1994, une loi sur mesure qui avait permis à Gomez de briguer un quatrième mandat à la tête de Thomson. Partie visible de l'iceberg : Gomez a rémunéré Nicolas Bazire, avant qu'il ne devienne le directeur de cabinet de Balladur, son frère Benoît, ainsi que Jean-Charles Marchiani, l'homme lige de Charles Pasqua, ministre de l'Intérieur. Il avait soutenu les deux partis qui s'étaient jusque-là succédé au gouvernement, mais n'avait rien donné aux chiraquiens qui venaient de prendre le pouvoir, à la surprise générale. Pire qu'un crime, une faute : dans ces conditions, il n'était pas question, pour Chirac et Juppé, de

1. Il s'agit de l'intermédiaire Andrew Wang, dépositaire des commissions sur la vente des frégates, des Mirage et des missiles à Taïwan.

garder Gomez. Le décapité a mauvais caractère mais il a surtout une longue mémoire.

Cette privatisation de Thomson, sans Gomez, va faire l'objet, au même moment, d'une autre bataille industrielle dans laquelle les lieutenants de Lagardère, avec Gergorin en première ligne, vont une nouvelle fois donner toute la mesure de leur savoir-faire. Le conflit oppose cette fois Lagardère au groupe Alcatel-Alsthom : chacun remet une offre ferme de rachat de Thomson, en août 1996. Alcatel-Alsthom semble avoir beaucoup plus d'atouts que Matra pour devenir l'actionnaire de référence de Thomson. Il s'agit d'un énorme groupe, capable d'épauler les industries de défense française, comme le fait en Allemagne Daimler-Benz, actionnaire de référence de Dasa. De plus, ses liens avec l'anglais General Electric Company (GEC) lui permettent de s'inscrire dans une logique européenne.

La bataille va être terrible. Entre Lagardère et Alcatel-Alsthom, tous les coups seront permis, y compris les plus bas. On nourrit, de part et d'autre, la rumeur, évidemment non vérifiable : l'adversaire a promis de corrompre les décideurs politiques. On donne parfois des détails, pour convaincre les journalistes et les parlementaires, qui se divisent en deux camps. Lagardère a envoyé au combat ses deux lieutenants, Forgeard et Gergorin : le premier cible Chirac et Juppé, le second Chirac, par l'intermédiaire de Dominique de Villepin, alors secrétaire général de l'Élysée. Mais Lagardère va prendre l'avantage grâce à une incroyable opération de désinformation, dans laquelle Jean-Louis Gergorin a pris, selon mes informations, une large part.

Le 7 octobre 1996, *Le Télégramme de Brest* affirme qu'un document a été remis à l'Élysée sur une conversation qu'auraient eue, dans un restaurant parisien, lord Weinstock, président de GEC, et George Simpson, son directeur général. Selon cette note, présentée comme émanant des services de renseignement français, les deux hommes avaient évoqué les scénarios d'un dépeçage du groupe Thomson, en cas de reprise par Alcatel-Alsthom, et d'une prise de contrôle du meilleur morceau, c'est-à-dire Thomson-CSF par GEC. C'est Paul Ancelin, maire de Ploërmel, qui aurait donné l'information au journal breton. Paul Ancelin est l'un des plus vieux amis de Jacques Chirac, depuis la guerre d'Algérie où ils étaient tous les deux sur le même piton pour traquer les combattants du FLN.

« C'est un tissu de mensonges destiné à porter tort à la cause d'Alcatel, affirme aussitôt lord Weinstock, dans une interview aux *Échos* ; le fait est que je ne suis jamais allé au restaurant avec George Simpson depuis quatre ans, et la seule fois où cela a été le cas, c'était en présence d'autres personnes et c'était en Grande-Bretagne. » Las ! Gergorin tenait son affaire : il fallait seulement convaincre les journalistes de la raconter, en insistant sur la duplicité des Anglais. Le voilà donc qui déboule chez Valérie Lecasble et moi, un soir à 22 heures, pratiquement sans prévenir, pour nous raconter l'histoire à sa façon. Soudain, le voilà qui saute comme un diable du canapé du salon où il s'était enfoncé pour se précipiter sur un téléphone fixe qu'il a retourné et ausculté avec soin pour vérifier qu'il ne contenait pas de micro pirate, avant de reprendre le fil de la conversation. Cette histoire est rocambolesque : comment imaginer que le président de GEC et son directeur général aient discuté de leur future stratégie, antifrançaise, dans un restaurant parisien, assez fort pour être entendus depuis une table voisine ? Peut-être parlaient-ils, en plus, en français ? Gergorin a-t-il monté l'opération de A à Z ? Jean-Luc Lagardère en était convaincu et ne l'avait pas du tout appréciée, bien qu'elle lui ait été utile. Il était même furieux : « Si j'ai la preuve que c'est lui qui a fait le coup, je le vire ! » avait-il dit devant témoins. Mais la preuve, il ne l'a jamais eue et la victoire a tout emporté. Du moins provisoirement, car Alain Juppé, maladroit comme personne, ayant affirmé à la télévision que Thomson Multimédia, il est vrai grevé de dettes, « ne valait rien », l'opinion se retourne[1]. Et la commission de privatisation, chargée de valider le choix du gouvernement (favorable à Lagardère), que l'on prenait pour une chambre d'enregistrement, se déclare incapable d'émettre un avis favorable, compte tenu des modalités de reprise de Thomson Multimédia par Daewoo. Alain Juppé ne peut que « suspendre le processus de privatisation de Thomson ». Celui-ci sera réengagé en octobre 1997, sous une autre forme. Le groupe restera indépendant, avec l'État, Alcatel et Dassault comme actionnaires de référence. Sans Lagardère.

Il reste que cette histoire tordue de note transmise à l'Élysée relatant une conversation improbable entre deux Anglais dans un restaurant parisien ne peut manquer d'évoquer l'affaire Clearstream. D'ailleurs, Gergorin va bientôt se découvrir, au sein du groupe, d'autres ennemis, tout en donnant, sur le plan stratégique, la mesure de son talent.

1. Quelques années plus tard, Thomson Multimédia sera devenue une entreprise performante, valant cinq milliards d'euros en Bourse, tandis que le coréen Daewoo disparaîtra, après une faillite spectaculaire.

Chapitre 6

Haro sur le patron d'Airbus !

En décembre 1997, Tony Blair, Gerhard Schröder et Jacques Chirac signent une déclaration commune demandant à leurs industriels de l'armement de se rapprocher, alors que, depuis plus de vingt ans, le paysage, en France, était pratiquement immobile, chacun restant rivé à son pré carré et à ses privilèges. Il s'agit de constituer des groupes de taille suffisante pour entamer la prééminence des Américains dans ce domaine crucial. Cette décision politique va être à l'origine de tensions qui vont vite dégénérer en un nouveau conflit particulièrement violent.

Ce choix coïncide avec le transfert de Noël Forgeard qui décide de quitter le groupe Lagardère pour prendre la présidence d'Airbus, un groupement d'intérêt économique qui appartient à Aerospatiale, à la firme allemande Dasa (37 % chacune) et à British Aerospace (20 %). Sa mission : créer une vraie société par actions capable, à terme, de prendre le pas sur ses maisons mères. Il s'agit de rien de moins que de mettre la main sur l'ensemble des industries aéronautiques européennes, dans un projet qui porte déjà un nom : « Airbus + ». Noël Forgeard a été choisi par le nouveau Premier ministre, Lionel Jospin. Un chiraquien pur jus promu par un socialiste ? C'est l'effet de l'excellente réputation de Forgeard en tant qu'industriel, acquise au sein du groupe Lagardère, mais aussi d'un lobbying intensif et concerté de François Roussely, directeur de cabinet du ministre de la Défense Alain Richard, et de Philippe Delmas, le bras droit de Forgeard et son poisson-pilote dans les milieux politiques de gauche.

Issus tous deux du Quai d'Orsay, Delmas et Gergorin sont amis. Delmas est même le parrain d'un de ses enfants. Cet alpiniste chevronné, qui se ressource en grimpant les plus hauts sommets de l'Himalaya, est comme lui féru de stratégie et expert dans l'art de pousser les pions sur l'échiquier. Parfaitement introduit dans les milieux politiques de gauche – il a été membre des cabinets de Roland Dumas au ministère des Affaires étrangères et de Jean-Pierre Chevènement à la Défense – comme dans les cercles intellectuels, cet ancien énarque issu de la Cour des comptes sera un fidèle soutien de Forgeard, très marqué par son chiraquisme aigu.

Cette nomination de Forgeard symbolise le consensus qui doit prévaloir entre le chef de l'État et le Premier ministre dans le domaine partagé de la Défense, et l'ouverture d'esprit de Jospin. François Roussely et Philippe Delmas sont, comme on dit, des hommes de réseaux.

Forgeard est ravi de quitter le groupe Lagardère où il n'a plus beaucoup de perspectives : il n'est pas le seul à penser que Lagardère, trop petit pour ses ambitions, se retrouve dans une impasse. Surtout depuis l'échec du rachat de Thomson, qui lui a été plus ou moins imputé. Notamment par Philippe Camus, l'homme qui a sauvé le groupe après la faillite de La Cinq, en battant le rappel des banques et en mettant en œuvre la fusion

Matra-Hachette. Camus est aussi rond que Forgeard est pointu. Normalien, de culture littéraire, il a en même temps une formation d'actuaire. Son parcours est hors norme et il a toute la confiance de Jean-Luc Lagardère. Au point que celui-ci lui a délégué la formation de son fils unique, Arnaud.

Philippe Camus et Noël Forgeard étaient les deux lieutenants de Jean-Luc Lagardère qui les mettait constamment en concurrence, souvent en contradiction, par perversité, par goût du pouvoir et aussi par prudence, afin qu'aucun des deux ne se trouve en situation de lui porter ombrage ou, pire encore, de souffler à son fils Arnaud le fauteuil de président, le moment venu. C'est d'ailleurs une constante du groupe Lagardère qui, à l'époque et encore aujourd'hui, a parfois des airs de panier de crabes. De crabes qui adorent pincer jusqu'au sang leurs congénères !

Quand Forgeard annonce à Jean-Luc Lagardère son départ du groupe pour la présidence d'Airbus, celui-ci en est profondément meurtri, même s'il n'en laisse rien paraître. Parano comme beaucoup de grands patrons, il considère ce départ comme une trahison. En revanche, dans son entourage, c'est plutôt le soulagement : voilà un concurrent – de taille – en moins. Jean-Louis Gergorin est alors sur la même longueur d'onde. Espère-t-il monter d'un échelon dans le système Lagardère et occuper, en plus de son rôle de conseiller du Prince, des fonctions opérationnelles ? Si tel est le cas, il est bien le seul à le croire car chacun connaît l'incapacité de ce solitaire tourmenté à diriger la moindre équipe.

Gergorin, en revanche, reste un stratège de qualité. Avec Camus, il va monter une opération hasardeuse et complexe. Objectif : regrouper toute l'industrie aéronautique française puis européenne sous la houlette de Jean-Luc Lagardère ! Une opération qui se fera à l'insu de Noël Forgeard. Un véritable affront pour l'intéressé. Premier choc : le 21 juillet 1998, Matra et Aerospatiale annoncent leur intention de fusionner. Forgeard a été tenu à l'écart des négociations tortueuses qui ont permis cette fusion inattendue entre une entreprise publique et une entreprise privée. Il a fallu négocier ferme et surtout convaincre à la fois Lionel Jospin d'assumer politiquement une privatisation partielle d'Aerospatiale et Jean-Luc Lagardère d'accepter de présider une nouvelle entité où ses capitaux sont mélangés avec ceux de l'État, ce qu'il avait auparavant toujours refusé – sauf lors de la nationalisation partielle qui lui avait été imposée.

Il est vrai qu'il est le grand gagnant de l'opération. Alors qu'en fonction des poids économiques respectifs, Lagardère aurait dû posséder le quart d'Aerospatiale-Matra, il en aura le tiers. Mais cette fois-ci, il n'y aura pas de petits actionnaires pour porter plainte, puisque Aerospatiale est une entreprise publique.

Un ancien membre du cabinet de Charles Millon – l'ex-ministre de la Défense d'Alain Juppé –, recasé à l'Aerospatiale, a pris une part active, aux côtés de Gergorin, à cette fusion surprise. Il s'appelle Marwan Lahoud. D'origine libanaise, ce personnage attachant et brillant passe ses nuits sur le web à faire des parties d'échecs avec des grands maîtres ou à résoudre des problèmes de mathématique pure avec des sommités mondiales. Il a aussi un frère que l'on découvrira plus tard : un golden boy qui a fait ses classes à Londres et se prénomme Imad.

Cette fusion prend Forgeard à contre-pied. Il avait quitté un groupe Lagardère qu'il jugeait sans perspectives. Il avait pour mission de regrouper l'aéronautique et la défense française autour d'Airbus. Et voilà que l'opération se fait au-dessus de lui et à son insu ! Il se retrouve donc à la tête d'une filiale – certes prestigieuse – de Lagardère, ramené au rang d'exécutant. C'est un choc, pour lui et pour Philippe Delmas, qui l'avait rejoint à Airbus. Tous deux, attachés aux cercles du pouvoir parisien, souffrent de leur exil à Toulouse. Pour l'anecdote, Delmas fera longtemps croire aux journalistes, en particulier au rédacteur en chef d'*Aviation Week*, qu'il habite à Toulouse alors qu'il n'y vient qu'en semaine et y loge à l'hôtel des Arts, dans une chambre mansardée avec vue sur la Garonne. Entre le couple Forgeard-Delmas et l'état-major de Lagardère, ce n'est pas la guerre, mais cela y ressemble : la fusion annoncée, Forgeard ne passera pas un coup de fil à Jean-Luc, ni à Philippe Camus. Qui, eux non plus, ne l'ont pas appelé.

Le patron d'Airbus va alors s'atteler, d'ailleurs avec succès, à la tâche qui lui a été assignée : développer les ventes des avions européens et transformer le GIE, au statut hybride, en une véritable société anonyme de plein droit. Mais Forgeard n'est pas au bout de ses peines. Car, toujours à son insu, va se mettre en place un accord extravagant, impensable quelques années plus tôt : la fusion d'Aerospatiale-Matra avec l'allemand Dasa, filiale du groupe Daimler-Benz (Mercedes), sous le sigle abscons d'EADS, pour European Aeronautic, Defence and Space company. Le nom a été proposé par Jean-Luc Lagardère, le 22 avril 1999, alors que tous les négociateurs sont réunis dans son immense hôtel particulier de la rue Barbet-de-Jouy, au cœur du quartier de ministères, à Paris. Sont présents : Jürgen Schrempp, patron de Daimler-Benz, et sa compagne Lydia Deiniger qu'il épousera un peu plus tard, Jean-Luc et Betty Lagardère, Jean-Louis Gergorin, Philippe Camus, Eckard Cordes et Rüdiger Grübe. Dîner au cours duquel Lagardère et Schrempp donneront leur accord de principe. Forgeard n'est pas là. Quelques jours plus tôt, Jean-Paul Gut, la nouvelle étoile montante du groupe Lagardère, ami d'enfance d'Arnaud, avait invité Forgeard et Camus à dîner chez Guy Savoy pour tenter de les convaincre de s'entendre. Camus n'avait fait qu'esquisser le schéma de la fusion franco-allemande devant son adversaire. Sans plus de précisions. La négociation secrète avait duré des mois et s'était déroulée dans des lieux improbables : à l'hôtel Plazza de New York comme au Novotel de Cergy-Pontoise ou dans un autre, encore plus lugubre, de la banlieue de Zurich. Ou bien à Palma de Majorque, au lendemain du grand prix d'Espagne, en présence de Jean-Luc Lagardère et de Jürgen Schrempp, où la question du management est réglée : EADS aura deux coprésidents du conseil d'administration, dont Jean-Luc Lagardère, côté français, et deux chief executive officers (CEO), dont Philippe Camus.

Forgeard n'est toujours pas prévenu. Il ne le sera que le 10 octobre 1999, quatre jours avant l'annonce officielle, à Strasbourg, par Lionel Jospin, Gerhard Schröder et Dominique Strauss-Kahn, ministre des Finances qui, par sa connaissance de l'allemand et sa proximité avec Jospin, a permis de faire sauter les derniers verrous. Pour Forgeard, c'est une nouvelle claque : Airbus deviendra une filiale à 80 % d'EADS et Philippe Camus sera son patron ! L'humiliation est totale. Il exigera de faire partie du conseil d'administration d'EADS. Lagardère y consentira : Forgeard sera ainsi soumis à Camus en tant que patron d'Airbus, mais il le contrôlera en tant qu'administrateur d'EADS. Une histoire de fous ! Une histoire de Français, estiment les Allemands qui ne comprendront jamais que le patron d'une filiale soit au conseil d'administration de la maison mère, aussi puissante soit-elle...

À partir de ce jour, Noël Forgeard n'aura de cesse de prendre la place de Philippe Camus à la tête d'EADS. Philippe Delmas va s'y employer, tandis que Jean-Louis Gergorin va tout mettre en œuvre pour défendre Camus et, à travers lui, Jean-Luc Lagardère qu'il estime trahi et menacé par son ancien lieutenant. Plus royalistes que le roi, Delmas et Gergorin, les anciens amis, vont devenir les pires ennemis, prêts à tout pour s'abattre.

La première attaque survient en janvier 2000. Un texte anonyme – déjà ! – est adressé aux rédactions, qui en recevront beaucoup d'autres, venant des deux camps. Celui-ci affirme que Philippe Camus est faible et incapable de résister aux Allemands dans les luttes de pouvoir au sein d'EADS. Un texte dont la paternité est aussitôt attribuée à Delmas par Gergorin. Forgeard utilise le même argument auprès de Jean-Luc Lagardère, qui s'en amuse. Il adore voir ses deux lieutenants se quereller : de toute façon, c'est lui qui décide. Il flatte et gronde tour à tour l'un et l'autre, donne des coups de patte et mordille, comme un chat avec des souris. Un jour, il dit à Camus :

– J'ai reçu un rapport de la DST selon lequel vous m'avez dénoncé au fisc.

– Qu'est-ce que c'est que cette histoire ?

– Je n'y crois pas évidemment, mais je tenais à ce que vous le sachiez. Vous n'avez pas que des amis !

Ambiance, au sommet du microcosme militaro-industriel ! Comme prévu, Airbus devient donc une société à part entière, présidée par Forgeard. Celui-ci en fait aussitôt un véritable Fort-Chabrol par rapport à EADS. Il réduit les contacts avec Camus au strict minimum. Son réseau s'élargit à des « communicants » comme Alain Bauer, ancien Grand Maître du Grand Orient de France, ou Stéphane Fouks, codirecteur de l'agence Euro-RSCG, filiale d'Havas, spécialiste en communication d'entreprise, que Forgeard fait entrer dans le cercle des conseillers de Jean-Luc Lagardère. Pour Jean-Louis Gergorin, cela ne fait pas de doute : un réseau franc-maçon est à la manœuvre, le même qui avait déjà permis à Forgeard d'être nommé à la présidence d'Airbus par Jospin. Il va plus loin : « Je suis certain qu'il y a entre ces gens-là autre chose que des relations intellectuelles », me déclarait-il alors. Le soupçon deviendra plus lourd lorsqu'un journal allemand accusera Airbus d'avoir financé la campagne électorale de Jospin en vue de l'élection présidentielle de 2002. Rétrospectivement, on peut se demander si Gergorin n'était pas derrière ces accusations, que rien ne viendra étayer, mais qui ont durablement disqualifié Delmas auprès des actionnaires allemands d'EADS. C'est une spécialité du stratège de Lagardère : tous ses ennemis, à commencer par Alain Gomez, ont été systématiquement accusés de financer les politiques. Parfois à bon droit mais pas toujours...

Depuis la fin de l'année 2000, cependant, Jean-Louis Gergorin n'est plus vraiment dans le coup. Surmené, cet esprit trop brillant s'est effondré. Il erre, hagard, dans les couloirs de la rue de Presbourg, siège du groupe Lagardère, en ruminant des phrases peu intelligibles. Un jour, il demande un rendez-vous à Jean-Luc Lagardère, qui le lui accorde volontiers. Après quelques phrases tâtonnantes, le stratège tient à son patron, d'une voix soudain plus assurée, un discours hallucinant :

– Jean-Luc, je suis en train de faire le point. C'est important pour moi. Il faut que je vous avoue que je vous ai souvent et beaucoup trahi.

– Mon cher Jean-Louis, ne vous inquiétez pas : vous n'êtes pas le premier et vous ne serez pas le dernier !

Une repartie qui était bien dans la manière de Jean-Luc Lagardère, capable, à sa guise, de faire monter ou baisser la tension. Un jour qu'il avait durement tancé en public un éditeur de son groupe, accusé de vouloir publier un livre qui le dérangeait, la jeune femme de cet éditeur, tout en fureur, avait lancé devant des témoins – et son mari – ébahis :

– Si je ne me retenais pas, je vous giflerais.

Panique dans l'assistance. Mais dans l'instant, tout sourire dehors, Jean-Luc Lagardère, avait enlacé et embrassé l'impertinente en lui glissant à l'oreille, mais assez fort pour être entendu :

– J'adore les femmes qui défendent leur mari !

Et on en était resté là.

Bien entendu, Jean-Luc Lagardère savait déjà que Jean-Louis Gergorin était en train de faire une grave dépression nerveuse. Mais il savait aussi que son employé lui disait, à ce moment-là, la stricte vérité : dans l'opération « couper les ailes de l'oiseau », il avait joué un jeu personnel, allant parfois à l'encontre des intérêts de son groupe. Ce qui se reproduira au cours du procès public, fin 2005, et expliquera la relaxe générale des maîtres chanteurs et autres ennemis présumés de Lagardère : en serrant chaleureusement la main d'Alain Gomez et de Pierre Cabannes, son ancien numéro deux, par ailleurs accusés de toutes les infamies, en entrant dans le prétoire, Gergorin avait passablement brouillé les cartes et désarçonné les juges.

Peu après l'entrevue avec Lagardère, sur les conseils de celui-ci et de divers médecins, Jean-Louis Gergorin entre en tout cas dans une clinique psychiatrique, en face de l'hôpital Sainte-Anne à Paris, puis passe un mois au vert dans une maison de repos. Soins efficaces : son absence a finalement été de courte durée. Il revient rue de Presbourg, plus habité, plus brillant, mais aussi plus donneur de leçons que jamais. Mais il y a une différence de taille : alors qu'il avait piloté de main de maître les négociations ayant conduit à la création d'EADS, allant jusqu'à renouer le fil des discussions lorsque Lagardère et Schrempp ou Lionel Jospin, pour des raisons diverses, avaient décidé de le rompre, à son retour, personne ne lui confie plus de dossiers importants. Consigne de Jean-Luc. Il n'est pas sûr qu'il s'en soit rendu compte. C'est ainsi qu'il n'aura jamais les moyens d'empêcher le remplacement de Camus par Forgeard à la tête d'EADS. Il se contentera de ratiociner la haine de ses adversaires, à l'intérieur et à l'extérieur de l'entreprise. Se méfiant de tout et de tout le monde, il court désormais les colloques, entouré de plusieurs gardes du corps.

Immédiatement après la victoire de la droite aux élections du printemps 2002, qui mettent un terme à cinq ans de cohabitation, les pressions de Chirac pour favoriser la promotion de Forgeard à la tête d'EADS se multiplient sur Jean-Luc Lagardère, qui fait mine de ne rien entendre. Entre les deux hommes, les relations s'étaient déjà dégradées depuis la publication par *Paris Match*, en août 2001, d'un reportage sur les vacances du président à l'île Maurice. On le voit se prélasser sur une plage du Royal Palm, un des hôtels les plus huppés et les plus chers de l'île, en galante compagnie. *Match* compare cette débauche de luxe avec l'ascétisme de Jospin, à l'île de Ré, sur son vélo, en compagnie de sa femme. Chirac ne le pardonnera pas à Lagardère, propriétaire de *Match*. C'est une conséquence négative du mélange des genres entre le big business et la possession de journaux, qui en a bien d'autres, nettement plus positives, du point de vue des patrons. Au reste, habile en affaires, Jean-Luc Lagardère a toujours été maladroit en politique. Sa clairvoyance est nulle : en 1974, il préfère Chaban-Delmas à Giscard ; en 1981, il soutient Giscard contre Mitterrand ; en 1988, c'est Raymond Barre qui a son appui, face à Chirac ; Mitterrand élu, il va jouer la carte Rocard ; en 1995, il opte pour Balladur, toujours face à Chirac ! Autant dire que la route est longue et la pente raide, comme dirait Raffarin, pour renouer les liens. Dans ce contexte, Gergorin, malgré ses relations amicales avec Villepin, ne pèse pas lourd face à Noël Forgeard. En novembre, les pressions de Chirac sur Lagardère se multiplient. Le plan est simple : EADS ne marche pas, les Allemands augmentent leur influence, il faut donc remplacer Camus par Forgeard qui, après la mise à l'écart de son homologue allemand, deviendra le seul patron. Jean-Luc, une nouvelle fois, botte en touche : on verra après 2006 lorsque l'A-380 sera lancé. Mais Jean-Luc ne verra jamais l'avion géant qu'Airbus n'aurait jamais lancé sans lui.

Car le livre d'aventures du mousquetaire gascon se ferme brutalement, avant qu'il ait pu en écrire les derniers chapitres : le grand patron décède le 14 mars 2003, après une semaine d'agonie pendant laquelle les médecins appelés à son chevet n'ont rien pu faire : son cerveau n'était plus qu'une bouillie, comme on le découvrira au moment de l'autopsie et comme Jean-Louis Gergorin me le racontera plus tard, avec un mélange d'effroi et de fascination. Son coma puis son décès provoquent la stupéfaction de tous ceux qui le connaissaient. Car ce battant était l'archétype de cette nouvelle race d'hommes qui, au prix d'une hygiène de vie rigoureuse – il ne fumait ni ne buvait et déjeunait souvent d'un yogourt à la myrtille – abordent leur quatrième quart de siècle mentalement et physiquement intacts. À soixante-quinze ans, « l'Acrobate », comme l'ont appelé Vincent Nouzille et Alexandra Schwartzbrod dans une biographie sans complaisance[1], a fait son dernier saut, fatal, en pleine forme physique et intellectuelle, sans avoir jamais connu ni la vieillesse ni la déchéance et sans même avoir vu la mort arriver. Le 7 mars au soir, revenu chez lui après le remplacement d'une prothèse de la hanche qui s'était déroulé dans de parfaites conditions à la Clinique du sport – un établissement prestigieux mais qui a été mis en cause, en 1997, pour insuffisance de précautions dans la stérilisation, à l'origine de maladies nosocomiales –, il s'est couché. Pas question pour lui de renoncer aux courts de tennis du Polo de Bagatelle, un club chic du bois de Boulogne, à Paris, où il s'affrontait régulièrement à Bernard Arnault, patron

1. Vincent Nouzille et Alexandra Schwartzbrod, *L'Acrobate,* Le Seuil, 1998.

de LVMH, de vingt et un ans son cadet, pour le battre le plus souvent. Les deux patrons adoraient aussi participer à un tournoi de double, organisé chaque année par l'ancien champion Pierre Barthès, où ils s'opposaient à John McEnroe ou Guillermo Vilas.

Le lendemain matin, le patron ne descend pas prendre son petit déjeuner. D'abord indifférente puis soudain inquiète – Jean-Luc était matinal et ponctuel –, sa femme Betty rejoint sa chambre et le trouve gisant dans son lit, hémiplégique, les yeux révulsés, encore vaguement conscient. Affolée, elle appelle Nicolas Sarkozy, puis... Bernadette Chirac. Transféré à l'hôpital Lariboisière, Jean-Luc Lagardère ne reprendra jamais connaissance, le cerveau et la moelle détruits par un virus rare qui retourne les systèmes de défense de l'organisme contre lui-même. C'est ce qu'on appelle une maladie auto-immune, de la famille de celle qui avait tué brutalement Bruno Carette, l'un des Nuls de Canal+. Une maladie qui entraîne une dégénérescence accélérée du cerveau et des nerfs. « Comme une sclérose en plaque qui se développerait en quelques heures, au lieu de durer des dizaines d'années », m'explique un peu plus tard, la mèche en bataille, Jean-Louis Gergorin, que je sens à cet instant moins affecté par la mort soudaine de son mentor que par son invraisemblance : « Selon mes calculs, il avait une chance sur plus de 50 millions de mourir de la sorte », démonstration statistique à l'appui. Une approche qui ne m'étonne guère venant de ce sympathique savant Cosinus qui ne peut « jamais conclure que deux et deux font quatre sans quelques considérations sur l'amitié franco-allemande ou l'équilibre dans les Balkans », comme l'a résumé joliment un éditorialiste des *Échos*.

Aussitôt après le décès, Gergorin apprend qu'à la

demande de Betty Lagardère, le parquet a ouvert une enquête pour « recherche des causes de la mort ». Procédure logique, compte tenu des circonstances inhabituelles, de la position sociale et du métier particulier de Jean-Luc Lagardère : fabricant d'armes de guerre. Mais qui suffit à donner crédit aux soupçons qu'a déjà Gergorin. Alors qu'il ne fait pas partie de la famille ni du cercle des intimes, qu'il n'a été mandaté par personne, il suit l'affaire de près, en rend compte à la DST. Des experts sont désignés par le parquet. Conseiller en communication de Lagardère, Jean-Pierre Joulin, ancien patron d'Europe 1 puis correspondant de la radio à Washington – où il s'est lié d'amitié avec Dominique de Villepin –, en fait ajouter un autre à la liste, et pas des moindres : le professeur Luc Montagné, connu dans le monde entier pour avoir identifié le virus du sida, même s'il était loin d'avoir été le seul[1]. La conclusion des experts est unanime : mort naturelle. Une décision que peut toujours contester la partie civile. Mais Arnaud et Betty Lagardère diront pourtant d'une même voix l'inutilité de pousser les investigations plus avant. Jean-Luc Lagardère n'a pas été tué par une maladie nosocomiale mais sans doute par un virus contracté à Marrakech – avant de se faire opérer, il avait séjourné dans le riad de Bernard-Henri Lévy ! – à quoi s'est ajouté un système de défense immunitaire totalement induit en erreur par l'autotransfusion. De peur d'attra-

1. Pour l'anecdote : trouvant la rémunération proposée par la justice très insuffisante, compte tenu des analyses qu'il avait fait faire au Canada, Luc Montagné n'a pas hésité à demander une rallonge considérable à Jean-Pierre Joulin. Lequel a eu toutes les peines du monde à lui expliquer qu'une des parties ne pouvait pas payer un expert, dont l'avis n'aurait alors plus la moindre valeur juridique !

per le sida ou une hépatite, Lagardère s'était en effet fait ponctionner son sang qui lui a été réinjecté pendant l'opération. Des circonstances dans lesquelles il peut arriver que le système immunitaire, au lieu d'attaquer le virus étranger, se retourne massivement contre l'organisme qu'il est chargé de défendre.

Trop simple et trop floue en même temps. Gergorin ne croit pas à cette explication. Depuis sa dépression, il se méfie de tout, enlève les batteries de ses téléphones portables pour ne pas être suivi dans ses déplacements, en emprunte d'autres pour appeler. Mais c'est à partir de la mort de son patron que son esprit va dériver dans des zones inconnues.

La mort de Jean-Luc devient un véritable drame personnel. D'une part, il n'a plus, au-dessus de lui, ce patron qui savait l'encadrer, gommer ses excès, s'amuser de ses débordements intellectuels. Jean-Luc avait les pieds sur terre pour deux ; d'autre part, le spécialiste de la dissuasion va développer une manière de complexe de culpabilité. Son article le plus connu, chez les géostratèges, était titré de trois interrogations : « Quelles nouvelles menaces ? Quelles ripostes ? Quelle dissuasion ? » Il s'en veut de ne pas avoir détecté les nouvelles menaces et de ne pas avoir mis au point les ripostes susceptibles d'empêcher l'assassinat de son mentor. Assassinat ? En public, il se garde de prononcer ce mot qui lui brûle les lèvres. Mais il pense très fort que c'est bien d'un meurtre dont il s'agit, commis par d'affreux mafieux russes, avec une technique développée dans l'ex-URSS, et pour le compte d'un de ses concurrents.

Un dimanche ensoleillé de l'automne 2005, en fin

d'après-midi, il m'avait appelé pour me donner rendez-vous, toutes affaires cessantes, au Murat, porte d'Auteuil. Naïf, je croyais qu'il allait me donner des indications sur les dessous de l'affaire Clearstream – tout le monde le soupçonnait déjà d'être le corbeau –, mais c'était pour me dérouler cette histoire, où il était question de technologie soviétique, d'expérience réussie sur des souris, de récupération par la mafia russe qui vendrait le crime parfait au premier acheteur venu. Je ne me souviens pas qu'il m'ait dit comment les criminels avaient opéré pour s'introduire à la Clinique du sport et procéder aux injections fatales. Au point où on en était, je m'attendais à ce qu'il me parle de Gomez, à l'origine de tous les malheurs de Lagardère ! Mais j'avoue n'avoir écouté que d'une oreille distraite ce que je tenais pour des élucubrations d'un homme aux abois qui cherchait à faire diversion. J'ai donc écourté la conversation, car les enfants attendaient et le repas du dimanche soir, c'est sacré. Par surcroît, il faut savoir que tous ceux qui pratiquaient régulièrement Gergorin, collègues de travail, journalistes, membres des cabinets ministériels, ne le prenaient pas très au sérieux, à la différence des autres qui, à l'instar du juge Renaud Van Ruymbeke, ont été influencés par son titre ronflant – mais vide de contenu – au sein d'EADS. Lors des déjeuners de presse, on s'amusait davantage et on récoltait plus d'informations à sa table qu'à celle des présidents. Il était perçu un peu comme un professeur Nimbus sympathique, distrait et naïf, tout en étant sûr de lui et péremptoire, avec des constructions intellectuelles aussi brillantes que fumeuses. Seul son regard bleu pâle, tantôt direct, tantôt fuyant, caché derrière de grosses lunettes cerclées, genre soviétique, tranchait avec son look d'étudiant américain attardé et ses airs d'hurluberlu.

Trois jours après la mort de son père, le lundi 17 mars 2003, dans le grand salon de l'hôtel Intercontinental, Arnaud Lagardère, quarante-deux ans, est seul à la tribune pour présenter les résultats du groupe Lagardère. Journalistes et analystes financiers sont venus en nombre, en voyeurs. L'héritier tient son rang. « Je suivrai avec détermination, sans états d'âme et dans le même esprit d'indépendance, la voie de mon père », dit-il d'une voix claire. Et pourtant, plus rien ne sera jamais comme avant. Arnaud n'a ni le charisme, ni l'expérience des hommes, ni le goût du risque de Jean-Luc. Encore peu assuré, il se méfie de Camus, dont la compétence financière et l'ambition personnelle sont grandes : il a le bon profil pour participer à un éventuel putsch pour prendre sa place. En outre, Philippe Camus a été le tuteur d'Arnaud et l'on sait à quel point, au moment de la prise de pouvoir, la présence de ceux qui vous ont vu faire vos premiers pas devient dérangeante. Camus n'assistera pas à la conférence de presse qui suit l'annonce des comptes. « Depuis quelques mois, les relations ne sont plus au beau fixe entre les deux hommes, autrefois très proches, écrit *L'Expansion*. La vraie rupture date de l'été précédent, quand Lagardère Capital & Management, la société de Jean-Luc et Arnaud, portant leur participation dans Lagardère SCA, s'est discrètement renforcée pour détenir près de 6 % du capital. Philippe Camus, actionnaire significatif de Lagardère SCA, n'a pas apprécié la montée en puissance de la famille qui visait à minorer son poids dans les instances de direction[1]. »

Arnaud Lagardère était prêt à écouter les arguments l'incitant à promouvoir Forgeard à la place de Camus, mais il n'a pas accepté, dans un premier temps, qu'on lui force la main. Maladroitement, dès l'été 2003, le forcing de Chirac a repris. Celui-ci lui fait comprendre que la succession de Jean-Luc, sur le plan fiscal, se passera d'autant mieux qu'il se montrera docile. Or celle-ci se passe mal, car Arnaud et sa belle-mère se querellent comme des chiffonniers. Arnaud se bat sur deux fronts : Betty et l'État. Des centaines de millions d'euros sont en jeu. La pression devient terrible. Jean-Pierre Raffarin et Michèle Alliot-Marie évitent de se mêler de ce qu'ils considèrent être une opération de chantage peu républicaine. Francis Mer, ministre de l'Économie et des Finances, est aux manettes. Abreuvé par Chirac et par Forgeard d'informations erronées, il fait la leçon à Camus, qui aura grand-peine à rétablir la vérité sur les succès relatifs d'Airbus et de sa maison mère EADS. Avec Arnaud Lagardère, Bercy se comporte très brutalement : le jeune PDG comprend qu'il aurait droit à des représailles fiscales s'il ne remplace pas Camus par Forgeard à la tête d'EADS. Arnaud pense aujourd'hui qu'on avait vendu par avance à Chirac la peau de l'ours Camus. Il a la rancune tenace : « Francis Mer m'a pris pour un con, pour le perdreau de l'année. » Sur le coup, Arnaud a résisté à Mer et à Chirac. Il s'en est vanté auprès de ses troupes. De fait, Camus sort renforcé et Gergorin exulte. L'horizon semble d'ailleurs se dégager pour Arnaud Lagardère lorsque Nicolas Sarkozy

1. *L'Expansion*, avril 2003.

est nommé à Bercy, le 2 avril 2004. Avec lui, plus question de chantage : « On signe ton truc fiscal et on passe à autre chose », dit-il à son ami, son « frère ». Ce qui sera fait aussitôt, dans des conditions gardées secrètes. Tout juste sait-on que Betty Lagardère récupérera 60 millions d'euros et l'hôtel particulier de la rue Barbet-de-Jouy, où elle ne voulait pas que son beau-fils mette les pieds. Un jour, alors que Jean-Luc organisait une réception amicale pour l'anniversaire de Sarkozy, Betty s'était opposée à la présence d'Arnaud et de sa femme. Il avait fallu que l'invité menace de ne pas venir pour qu'elle cède. Elle s'empressera de revendre l'hôtel à Bernard Arnault, ravi d'acheter la maison de Jean-Luc, sa seule idole dans le business, le père qu'il n'a jamais eu.

Arnaud Lagardère n'aurait jamais dû se vanter en interne d'avoir résisté à ces pressions. Car il ne saura plus quoi dire, l'année suivante, lorsqu'il sera contraint de changer de position. À partir du printemps 2004, Noël Forgeard, Philippe Delmas, Stéphane Fouks et Alain Bauer ont décidé de précipiter le putsch. Tous les réseaux francs-maçons – et bien d'autres – sont activés. Quels arguments Chirac emploie-t-il pour faire plier Arnaud ? Impossible à dire. L'héritier Lagardère cédera, finalement, à la fin de l'été, mais sans l'avouer. Les deux Serge (Tchuruk, patron d'Alcatel, et Dassault) l'apprendront fin août. Désireux de vendre leurs participations dans Thales (ex-Thomson), ils demandent à Sarkozy s'ils doivent négocier avec Philippe Camus, pour qu'EADS les leur rachète. Réponse du ministre des Finances, dont chacun sait qu'il est en même temps l'ami et le conseiller – officieux – d'Arnaud Lagardère : « Non, c'est inutile, ne perdez pas votre temps, Camus n'est plus le bon interlocuteur. » Les deux Serge comprennent alors que la décision a été prise.

Pas plus que Dominique de Villepin, pourtant chauffé par Jean-Louis Gergorin, Nicolas Sarkozy ne s'opposera au diktat de Chirac. Tous deux pressentent que la nomination du patron d'Airbus, dans une position de combat, à la tête d'EADS est une bêtise. En particulier Sarkozy qui ne voit pas l'intérêt de parler de présidence unique et d'agiter un chiffon rouge devant les Allemands, à un moment où ceux-ci l'accusent de nationalisme industriel, après le sauvetage d'Alstom, sorti des griffes de Siemens, ou la fusion Sanofi-Aventis, qui les marginalise. Mais il n'est néanmoins pas question pour lui de se heurter à Chirac sur un sujet qu'il tient pour subalterne. Car en janvier 2004, Nicolas Sarkozy se lance à l'assaut de l'UMP, abandonné par Alain Juppé, condamné à une peine d'inéligibilité dans l'affaire des emplois fictifs du RPR et contraint à l'exil. Le 23 novembre précédent, Sarkozy avait déchiré le voile. À l'émission *100 minutes pour convaincre*, sur France 2, interrogé sur le fait de savoir s'il pensait à sa candidature à l'élection présidentielle, il avait répondu d'une formule bien préparée, en dodelinant de la tête : « Oui, j'y pense et pas seulement quand je me rase le matin. »

Arnaud Lagardère, lui, peine à crever l'abcès. Faute d'avoir pris sa décision en toute indépendance, il veut, au moins, choisir le meilleur moment pour l'annoncer. D'abord à Philippe Camus, avec qui il discutera pendant trois heures, le 2 novembre, au bord de la piscine d'un hôtel de Dubaï où Arnaud est en vacances en famille, tandis que Camus a fait un crochet avant de retrouver un groupe de journalistes en Chine. Les deux hommes ont parlé calendrier, indemnités, statut de Camus vis-à-vis de la société en commandite dont il est le seul membre au côté d'Arnaud, etc. Trois jours plus tard, Arnaud lâche l'info aux journalistes de *Libération* qu'il a invités à déjeuner. À la fin du repas, mine de rien, il leur dit :

– Je vais remplacer Camus par Forgeard à la tête d'EADS.

– Que va faire Camus ? demande Grégoire Biseau.

– Je l'envoie aux États-Unis.

– C'est off ?

– Non, vous pouvez l'écrire.

Lorsque chacun est parti de son côté, Arnaud Lagardère se reprend. Il confie à Jean-Pierre Joulin : « Je ne veux pas que ça sorte. » Joulin a de la chance : parti en vacances, Biseau ne publiera l'information que quinze jours plus tard et sans citer Arnaud, ce qui lui enlevait de son impact.

« EADS n'est qu'un tremplin pour des ambitions personnelles », écrit, le 2 décembre, le coprésident allemand de la société, dans une interview à l'hebdomadaire *Wirtschafts Woche*. Deux jours plus tard, Jürgen Schrempp, patron de DaimlerChrysler, annonce le renouvellement de la présidence et de la direction, côté allemand. L'homologue de Camus s'appelle Thomas Enders. Il est jeune, ambitieux et n'a aucune intention de se laisser marcher sur les pieds par les Français. Cette nomination rend irréversible la structure bicéphale du groupe. L'intervention rapide et claire des Allemands a bouleversé tous les plans de Forgeard et de Chirac pour une prise de contrôle à la hussarde d'EADS. C'est au contraire un recul français qui sera acté.

Mais Lagardère tergiverse encore. Le 7 décembre, il annonce dans un communiqué qu'il « a pris sa décision concernant le futur management français depuis longtemps et la fera connaître au moment qu'il choisira ». Il faudra attendre encore dix jours pour qu'enfin il annonce, dans *Le Figaro* : « Je proposerai Noël Forgeard à la codirection d'EADS [...]. J'ai pris cette décision depuis longtemps et je m'en étais d'ailleurs expliqué avec le ministre de l'Économie et des Finances de l'époque, Nicolas Sarkozy[1]. » Arnaud Lagardère nie s'être laissé « forcer la main » : « Il est vrai que j'ai vu le président de la République plusieurs fois mais, de sa part, il n'y a jamais eu aucune pression. » Interrogé sur les tensions entre Gergorin et Delmas, Arnaud répond : « Je garde une certaine amertume vis-à-vis de l'agitation et des agitateurs et j'en ferai bon usage le moment venu. »

Trois jours plus tard, Forgeard donne une interview agressive aux *Échos*. Celle-ci a pourtant été largement édulcorée par rapport aux propos tenus devant le journaliste Jean-Pierre Neu. Forgeard s'en prend, sans le citer, à Jean-Louis Gergorin : « Dans toutes les organisations, certains prennent plus à cœur les désirs des chefs que les chefs eux-mêmes. Une clique de supporters autoproclamés a créé une bulle virtuelle de calomnies [...]. » Forgeard déplore l'image qui en est sortie et se rassure : « L'ombre portée, négative, avec laquelle un petit nombre de personnes qui vont sortir du paysage a cyniquement joué, va s'estomper[2]. » Voire.

1. *Le Figaro*, 17 décembre 2004.
2. *Les Échos*, 20 décembre 2004.

Mais le stratège en chambre, pour l'heure, a d'autres chats à fouetter. Quelles menaces ? Quelles ripostes ? Quelle dissuasion ? À la fin du mois d'août 2004, les bureaux d'EADS à Pékin ont été pillés, par effraction. Un gardien a été assassiné. Tous les disques durs des ordinateurs du groupe européen ont été volés. Est-ce un coup des Chinois, des Taïwanais ou des Américains ? Pékin se défend en accusant les Américains, alors que les ventes d'Airbus dépassent désormais celles de Boeing dans le monde. L'enquête ne donnera rien. Malheureux gardien de nuit, au nom inconnu, qui restera comme une victime collatérale de plus dans la guerre sourde que se livrent les marchands d'armes high-tech, en particulier pour la conquête du marché chinois, officiellement sous embargo. De quoi, en tout cas, conforter la paranoïa croissante du responsable de la stratégie d'EADS. Mais Jean-Louis Gergorin s'est engagé dans une tâche plus urgente et autrement plus importante, celle où il va se perdre : identifier les mafieux russes et leurs commanditaires qui ont assassiné Jean-Luc Lagardère pour affaiblir et pénétrer l'industrie de défense française, et empêcher qu'ils réitèrent leur forfait sur son fils !

Il n'en parle ni à Arnaud ni à personne d'autre au sein d'EADS ou de Lagardère, persuadé que des taupes y sont déjà à l'œuvre. Peu après la mort de Jean-Luc, en mars 2003, Gergorin pousse ses contacts à la DST à enquêter sur un certain Karel Schmitt, qu'il a identifié l'année précédente comme faisant partie d'un réseau qui s'intéresserait d'un peu trop près aux sociétés Lagardère et EADS. Fantasme ou réalité ? Il racontera plus tard avoir appris qu'au-delà de l'espionnage industriel traditionnel – normal, pourrait-on dire –, Arnaud Lagardère avait fait l'objet de filatures, qu'on l'avait même filmé rue de Passy en train de faire des emplettes avec sa femme et que l'on avait été vérifier ensuite si les achats avaient été payés avec sa carte personnelle ou avec celle de l'entreprise. Mais cette piste ne débouchera sur rien.

Gergorin a alors l'idée de mettre à plat les transactions qui ont eu lieu sur les actions Lagardère et EADS aussitôt après la prise de rendez-vous de Jean-Luc à la Clinique du sport pour s'y faire opérer de la hanche et la date de son décès. Les cours n'ont pas bougé de façon significative. Cela ne lui suffit pas : il lui faut aller plus loin dans le détail. Y a-t-il eu des transferts massifs de titres ? À sa demande, la DST, où il semble comme chez lui, interroge certains établissements. Chou blanc. C'est alors que Gergorin, selon ce qu'il dira plus tard, se tourne vers le frère du patron d'une filiale d'EADS qui, au terme des différentes fusions, s'est retrouvé PDG de la filiale MMB, spécialisée dans les missiles. L'homme travaille à cette époque sur les réseaux de financement islamiques, pour le compte de la DST. Il lui parle de Clearstream, des immenses possibilités de blanchiment d'argent sale, ou de barbouillage d'argent propre (ce qui est le cas dans le financement du terrorisme) qu'offre cette chambre de compensation. Enfin ! Gergorin a trouvé la grande lessiveuse d'où il sortira tous ses ennemis ainsi que la cohorte des corrompus et des rétrocommissionnaires qui lui échappent depuis si longtemps. Sa source ? Un certain Imad Lahoud, expert en (petites) escroqueries et informaticien de génie autoproclamé. Tous les acteurs de l'affaire Clearstream sont maintenant en place. Sauf un.

Chapitre 7

Le cauchemar de « D. de V. »

Les fantasmes de Denis Robert et de bien d'autres, qui entourent la « banque des banques » Clearstream ; les frustrations du juge Renaud Van Ruymbeke dans le dossier des frégates de Taïwan ; les élucubrations et les idées fixes de Jean-Louis Gergorin vis-à-vis d'Alain Gomez puis de Noël Forgeard : tout cet édifice branlant de faux-semblants, d'exagérations, de soupçon permanent – même s'il est parfois fondé à l'origine – sur la corruption des élites, n'aurait pas tenu bien longtemps et, en tout cas, ne serait pas devenu une véritable affaire d'État si, par-dessus, n'était venue se greffer la haine réciproque que se vouent, aux yeux de tous, trois hommes : Jacques Chirac et Dominique de Villepin d'un côté, Nicolas Sarkozy de l'autre.

Villepin et Sarkozy se sont connus en 1993 : l'un est ministre du Budget et porte-parole du gouvernement Balladur, tandis que l'autre n'est que directeur de cabinet d'Alain Juppé au Quai d'Orsay. La rupture a lieu en 1995, lorsque le Premier ministre Edouard Balladur décide de se présenter à l'élection présidentielle. Chacun se souvient de la campagne de Chirac, devenu sympathique à force d'être moqué par *Les Guignols*, sur Canal+. Chacun a en mémoire l'image renvoyée, toujours par *Les Guignols*, d'un petit Nicolas, fayot et teigneux comme personne, servant la soupe à Balladur, candidat traître à ses promesses, et accumulant les coups fourrés contre Chirac. C'était la période du « tout sauf Balladur » – incarnée par un Premier ministre, dessiné comme un Louis XIV dans sa chaise à porteurs par Plantu, à la une du *Monde*. Alors que ce journal, à l'initiative de ses dirigeants, Jean-Marie Colombani et Alain Minc, battait campagne pour le Premier ministre. Chacun se souvient enfin de la mine défaite du grand mamamouchi – le clan d'en face ne manquait jamais de rappeler ses origines turques –, au soir du premier tour de scrutin lorsque, devancé par Jacques Chirac, il avait dû aller à Canossa en appelant à voter pour lui au second tour, en sachant parfaitement qu'il allait être réduit en bouillie, après s'être cru à l'Élysée.

Et le voilà, ce nouveau président, dans cette soirée du 7 mai 1995, qui roule dans Paris, à l'arrière de sa CX, s'arrêtant scrupuleusement aux feux rouges – civisme d'un soir ! –, Bernadette à ses côtés, sac à main sur les genoux. Sur le chemin de sa permanence pour y retrouver ses fans, il fera déposer son épouse rue de Tournon. Chez le milliardaire François Pinault qui l'avait soutenu envers et contre tous.

Prendre le pouvoir par tous les moyens et ne savoir qu'en faire : telle est la contradiction dans laquelle s'est toujours enfermé, hier comme aujourd'hui, le chef de l'État. Comme beaucoup le lui conseillaient, y compris parmi ses intimes, dans l'intérêt de la France et de la droite, devait-il pardonner aux balladuriens ? Ou bien fallait-il écraser du talon l'ennemi, sans remords ni compassion, comme le lui conseillaient d'autres, à commencer par Dominique Galouzeau de Villepin, nouveau et flamboyant secrétaire général de l'Élysée ? Chirac choisira la brutalité, nourrie par la rancune. « Il voulait biffer des pages suivantes jusqu'à leur nom, jusqu'au souvenir que ces contestataires sournois lui avaient infligé, lui infligeaient encore[1] », commente Nicolas Domenach dans son récent livre au titre prémonitoire : *Ça va mal finir.*

Ce fut une grave erreur politique, première d'une longue série, car la main du vainqueur accordée au vaincu eût été un acte majeur, de nature à ressouder les rangs de la majorité. Il aurait surtout démontré qu'en accédant à la fonction suprême, Jacques Chirac s'était enfin élevé à la hauteur de la fonction, loin des petites vengeances et des basses querelles.

Mais une rancœur féroce l'habite, qui le conduit à adopter un comportement parfaitement irrationnel. S'il avait accordé son pardon royal, sans doute Sarkozy aurait-il été maté, au moins provisoirement, par l'attribution d'un petit ministère, comme l'avait suggéré Charles Pasqua. Mais Chirac, d'emblée, a montré ses limites : il a éprouvé un irrépressible besoin d'affirmer son autorité, face à tous ceux qui l'avaient toujours tenu pour un « grand méchant mou ». En effet, pour battre le rappel de leurs soutiens dans la campagne présidentielle, Balladur et Sarkozy avaient utilisé un argument simple : « Si vous gagnez avec nous, c'est le jackpot. Tel ministère vous irait comme un gant. Et si nous perdons, Chirac n'aura pas l'espace politique ni la faculté de vous le faire payer. C'est un choix sans risques. » Sans risques ? Spécialiste ès trahisons, le nouveau chef de l'État a voulu faire payer celle des autres au prix fort. Et puis, quel plaisir de rompre avec

1. Nicolas Domenach, *Ça va mal finir*, Plon-Perrin, 2006.

ces quarante ans de vie politique pendant lesquels il lui avait toujours fallu négocier, composer, transiger. Il a souffert, il a eu peur, il a gagné. Il est là pour sept ans au moins. Indéboulonnable. Pourquoi se priver de ce plaisir ?

De premier comme de second rang, ministres, secrétaires d'État ou simples conseillers ministériels, tous les balladuriens seront proprement exécutés, renvoyés dans leur circonscription, leur mairie et parfois leur canton, ou bien poussés à se reconvertir dans les entreprises privées.

Tous sauf un, qui se retrouvera dix ans plus tard au cœur de l'affaire Clearstream, et ce ne sera sans doute pas par hasard : il s'appelle Philippe Marland, il est directeur de cabinet de la ministre de la Défense Michèle Alliot-Marie, et faisait partie, en 1995, de l'équipe d'Edouard Balladur à Matignon. Alors que tous les autres étaient mis à l'index, il a été immédiatement recasé, au lendemain de la victoire de Chirac, d'abord comme préfet de Provence-Alpes-Côte d'Azur. Une clémence qui peut s'expliquer par le rôle que les ex-balladuriens lui prêtent dans la fameuse affaire Schuller-Maréchal, dont beaucoup pensent qu'elle a coûté son élection à Balladur. Il s'agit de la fameuse tentative de déstabilisation du jeune juge Halphen, aussi accrocheur que son maître Renaud Van Ruymbeke, mais intellectuellement bien moins leste. Halphen enquête sur des faits de corruption liés aux offices HLM de Paris et des Hauts-de-Seine. Un piège est tendu à son beau-père psychiatre, à qui la somme d'un million de francs a été promise, en contrepartie d'une hypothétique intervention. Elle doit lui être remise en espèces, à son retour des Antilles, dans le hall d'Orly. C'est un piège grossier. Des dizaines de policiers sont présents. La remise a bien lieu.

Mais l'affaire se terminera en eau de boudin lorsque la presse révélera qu'il s'agissait d'une provocation montée de toutes pièces. C'est à ce moment-là que l'opinion de droite se retournera en faveur de Chirac, contre le Premier ministre. Qui a prévenu les chiraquiens de ce coup fourré digne d'une république bananière, imputé à Pasqua, alors que Balladur n'en connaissait pas les détails ? En charge des affaires de sécurité, Philippe Marland avait assuré, à tort, à Edouard Balladur qu'il n'y avait eu aucune écoute dans ce dossier. A-t-il piégé le Premier ministre ? Plusieurs membres de son cabinet d'alors sont en tout cas convaincus que Marland a tenu régulièrement informé les chiraquiens de ce qui se tramait chez eux. Il aurait été une sorte de taupe – ce qu'il dément avec la dernière énergie – dans l'équipe Balladur, grâce à laquelle plusieurs coups médiatiques ont été éventés au moment où ils étaient conçus, avant même d'avoir été réalisés.

Quoi qu'il en soit, parmi les proscrits, Nicolas Sarkozy va faire l'objet d'un traitement tout particulier. C'est Chirac lui-même qui avait suggéré à Balladur de le prendre dans son gouvernement. Le nouveau chef de l'État se montrera bien plus dur avec le jeune ingrat qu'avec Balladur ou Pasqua, dont les trahisons ont pourtant été plus violentes, après un si long chemin parcouru ensemble.

Pour Chirac, Sarkozy est doublement traître : sur le plan politique mais aussi familial. Pendant quelques années, à l'Hôtel de Ville, où passait le maire, mais où vivaient Bernadette et leurs deux filles, Laurence et Claude, il avait été comme chez lui. Il était invité à tous les repas de famille. « Il a pénétré notre intimité », dira plus tard Bernadette, dans un raccourci significatif sur le plan psychanalytique. Drôle, séduisant, parfois impertinent, toujours débordant d'énergie, Nicolas avait éclairci le quotidien de cette famille hors norme où la mère sublimait son infortune, tandis que les deux filles géraient, chacune à sa manière, les difficiles rapports qu'elles avaient avec leur père : Laurence en s'abîmant dans le désespoir et l'autodestruction, Claude en développant avec lui une relation fusionnelle et exclusive. La place pour d'autres hommes est restreinte, mais elle existe encore. Le bouillant et encore juvénile Nicolas sortira ainsi Claude de son quotidien lugubre. Il lui enseigne les principes et les pratiques de base de la communication politique. Ils ont des relations confiantes et fraternelles. Ont-ils été amants ? Il n'y aurait rien d'étonnant à cela, car tous les deux ont du tempérament. Mais personne, à part eux, ne sait quelle était la nature exacte de leurs relations et c'est un secret qu'ils gardent l'un et l'autre. De toute façon, qu'ils aient été amants ou pas n'a guère d'importance : ils étaient amis et formaient un couple, sous l'œil complice de Bernadette et de Jacques. Un couple que Nicolas Sarkozy a rompu, de sa propre initiative. Faire ça à sa fille ? Chirac, pas plus que son épouse, ne l'a supporté. « On n'est plus dans la raison mais dans la passion innervant, énervant aussi, et à vif, cette singulière aventure familiale qui pourrait donner la trame d'une tragédie politique unique [1] », écrira Nicolas Domenach.

1. *Ibid.*

Dès lors, le symbole du jeune arriviste qui, pour accélérer son plan de carrière, a trahi celui qui l'avait sorti de l'anonymat, après avoir séduit et répudié sa fille, allait naturellement devenir le bouc émissaire parfait. Il fallait « se décider une bonne fois pour toutes à le gracier ou à l'exterminer », déplorait l'aimable Galouzeau qui, à l'époque, prônait la seconde solution : « Marcher dessus du pied gauche, disait-il, nous portera chance. » Ce qui faisait rire Chirac. Pourtant, tout en le poursuivant de sa vindicte, tout en ayant vis-à-vis de lui les mots les plus durs, le président ne parvint jamais à exécuter complètement son fils en politique, celui qui, avec un quart de siècle en moins, lui ressemble comme un clone, la stature en moins. Il se réfugia dans la solution intermédiaire, sans doute la pire de toutes : il humilia Sarkozy, en même temps que les autres, tout en lui permettant de survivre, à l'affût des premiers faux pas du gouvernement Juppé.

« Nicolas » connaîtra deux ans de purgatoire total. Le 15 octobre 1995, Balladur et lui se font siffler lors d'une réunion nationale du RPR. Il fait le dos rond, encaisse les coups, s'endurcit. À l'exception de ses fidèles, Franck Louvrier, en charge de la presse, Pierre Charon, ancien chargé de communication de la ville de Paris, et Brice Hortefeux, repliés avec lui à la mairie de Neuilly, tout le monde lui tourne le dos. Il reprend son métier d'avocat d'affaires, spécialisé dans l'immobilier, avec des clients aussi prestigieux que Martin Bouygues (TF1) ou Bernard Arnault (LVMH), mais aussi avec quelques vedettes du show-biz. Nicolas Sarkozy se construit une autre vie. En octobre 1996, il épouse Cécilia Maria Ciganer Albeniz.

La parenthèse Juppé se termine en 1997 : c'est la victoire de la gauche aux élections législatives, à la suite d'une erreur politique magistrale. D'un côté, l'Élysée prend connaissance d'une note pessimiste de Bercy sur la capacité de la France à respecter les critères d'entrée dans l'euro, ce qui obligera le gouvernement à durcir sa politique de rigueur ; de l'autre, Alain Juppé connaît une relative embellie dans les sondages. Sur les conseils du Premier ministre, euphorique d'être un peu moins détesté, de son directeur de cabinet Maurice Gourdault-Montagne et de Dominique Galouzeau de Villepin, secrétaire général de l'Élysée, aussi ignare en matière économique qu'électorale, le chef de l'État décide de dissoudre le Parlement, pour disposer d'une majorité à sa main. Résultat : un désastre total. La gauche gagne les élections et Chirac est obligé d'appeler Jospin à Matignon.

Conséquence : ex-balladuriens et ex-chiraquiens sont enfin à nouveau réunis, mais dans l'opposition, tandis que Chirac se barricade à l'Élysée en compagnie de Villepin. S'engage alors une cohabitation bien plus longue et beaucoup moins festive que ne le fut celle de François Mitterrand avec lui. Pilotant un cabinet noir d'anciens policiers de haut rang, le secrétaire général de l'Élysée va tenter de trouver des points de fragilité au nouveau Premier ministre, notamment sur l'achat de sa maison de l'île de Ré. Mais la polémique, artificielle, s'éteindra rapidement. Plus décisive sera la révélation du passé trotskiste de Jospin – qui était connu des initiés – et surtout du fait qu'il avait longtemps milité à la fois à l'Organisation communiste internationale (OCI) et au parti socialiste, au côté de Mitterrand. Nombreux sont ceux qui croient que Villepin, avec le concours d'Yves Bertrand – alors directeur des RG – et de Philippe Massoni – conseiller police de Chirac à l'Élysée –, a été à l'origine de ce coup politique. Jospin le premier. Car peu à peu, un autre visage du secrétaire général de l'Élysée apparaît dans ce microcosme et transparaît même parfois dans la presse : Dominique Galouzeau de Villepin, en dépit de son port altier, de son regard franc et de son goût pour la poésie, est aussi un homme de l'ombre qui adore les coups tordus et qui, pour protéger Chirac, est tout disposé à prendre des libertés avec le droit et la morale. Dans son dernier livre[1], Michel Roussin, ancien bras droit de Chirac à la mairie de Paris, raconte comment, à l'instigation de Dominique de Villepin, l'avocat Francis Szpiner, un des défenseurs attitrés de Chirac, lui a conseillé de s'enfuir illico au Maroc, pour éviter une interpellation par la police dans l'affaire dite des lycées d'Île-de-France, susceptible d'éclabousser le chef de l'État. « L'esquive n'est pas un trait de mon caractère, assure Roussin, je me garde bien de disparaître. »

Ce récit fait écho aux accusations de Didier Schuller, ancien conseiller général RPR des Hauts-de-Seine et directeur général de l'Office HLM du département qui a fui en République dominicaine, entre 1995 et 2002, « à la demande » du clan Chirac. Lors du procès qui s'est tenu en 2005, Schuller a été plus précis, mettant lui aussi directement en cause devant la presse Villepin et Szpiner. Schuller se mordra les doigts d'avoir cédé à la pression de ce tandem machiavélique. Roussin, lui, se félicitera de ne pas l'avoir écouté. Placé en garde à vue, cet ancien membre des services secrets, pendant quarante-huit heures, se contentera de décliner son nom, son adresse et sa profession, restant comme sourd et muet face au feu des questions

1. Michel Roussin, *Le Gendarme de Chirac*, Albin Michel, 2006.

que les policiers lui poseront. C'est la meilleure façon de ne pas retrouver des morceaux choisis de ses déclarations dans les journaux du lendemain matin ! À la différence de Schuller, Roussin évitera à la fois l'exil et la prison.

Vis-à-vis des balladuriens, en 1997, l'heure du pardon, tout relatif, finit quand même par venir. Il faut, en tout cas, faire semblant car il est temps de resserrer les rangs. En accord avec Claude Chirac, Villepin convainc le chef de l'État de remettre dans le jeu le maire de Neuilly, député des Hauts-de-Seine. En juillet, les deux hommes prennent pour la première fois leur petit déjeuner en tête à tête. Puis Sarkozy se retrouve avec Philippe Séguin à la tête du RPR, dans une sorte de duo improbable. Celui-ci ne tiendra que deux ans. En 1999, après son échec cuisant lors de la bataille municipale qui verra la mairie de Paris basculer à gauche, Philippe Séguin se retire de la vie politique pour enseigner au Québec. Quant à Nicolas Sarkozy, il va conduire, tel un kamikaze, avec Alain Madelin, une liste d'union de la droite pour les élections européennes. Son fiasco est total : sa liste n'atteint pas les 13 %, un score inférieur à celle du RPF conduite par Charles Pasqua et Philippe de Villiers.

Ce nouvel échec, sur lequel il revient de façon approfondie dans un livre programme intitulé *Libre*[1], le transforme profondément, à la fois sur les plans personnel et politique. Cette claque magistrale, dont il se dit entièrement responsable – ce n'est pas si fréquent en politique –, l'a endurci ; et il estime que son avenir

1. Nicolas Sarkozy, *Libre*, Robert Laffont, 2001.

ne peut se situer qu'au sein d'une droite moderne, qu'il entend assumer sans complexe. Pour lui, la France ne supporte plus le flou, cette façon de se faire élire avec des promesses impossibles à tenir. Le pays profond veut rompre avec la culture de l'excuse post-soixante-huitarde. Il est à droite et seule la présence du Front national permet de faire élire la gauche. Il se donne donc la mission d'être celui « qui fera revenir les électeurs du Front dans le cercle de la démocratie ». À droite toute, mais en rejetant résolument les dérives racistes ou xénophobes. Et en gardant la liberté, sur les sujets de société, de se mettre en adéquation avec le pays réel, qui n'a que faire des vieilles lunes conservatrices.

Ses positions sont entendues et souvent comprises, dans le pays comme au RPR. Sarkozy participe à la campagne électorale pour l'élection présidentielle de 2002, mais avec une certaine réserve. L'insécurité devient le thème majeur et il ne s'en plaint pas : sur ce terrain, il n'y a pas de divergence avec Chirac. Sarkozy peut saisir le sujet à bras-le-corps. Devenu incontournable, il sait que son heure n'est pas venue. Il a appris la patience. Il est sûr d'être ministre, espère être Premier ministre si, par chance, Chirac parvient à se faire réélire, face à Lionel Jospin. Pense-t-il déjà à l'Élysée ?

Quoi qu'il en soit, Chirac est bien réélu, dans les conditions abracadabrantesques que l'on sait, recueillant 82 % des suffrages, face à un Le Pen qui a devancé Jospin au premier tour, à la surprise générale. Chirac a été élu par la gauche et la droite républicaine réunies. Cela lui donne des devoirs, qu'il ne respectera pas. Mais c'est d'abord un bon prétexte pour ne pas appeler Sarkozy, vite catalogué libéral de combat, à Matignon : il lui préfère le rassurant Jean-Pierre Raffarin. Le renégat est nommé au ministère de l'Intérieur, avec le rang de ministre d'État, numéro deux du gouvernement. Tandis que Dominique Galouzeau de Villepin est promu ministre des Affaires étrangères.

Pendant la première moitié du quinquennat, chacun restera, du moins en apparence, dans son domaine, engrangeant des succès médiatiques. Les ministres des Affaires étrangères et de l'Intérieur sont les plus connus, les plus cités, les plus emblématiques. Le premier surfe sur l'opposition pleinement assumée de la France à la guerre en Irak, voulue par les Américains. Le second multiplie les actions d'éclat contre les délinquants et les immigrés clandestins, symbolisées par la fermeture du centre de Sangatte, dans le Pas-de-Calais. Mais déjà, la concurrence pointe. Les premières piques viennent de Villepin qui, en public, se contente de louer « l'énergie » de Sarkozy tandis qu'en privé, il le traite déjà aimablement de « nabot agité ». Celui-ci, de son côté, blâme, lui aussi en privé, « l'activisme forcené » de son concurrent, qu'il estime « archaïque » et « contre-productif ».

Très vite, leur opposition va se radicaliser. Question d'ambition ? Bien sûr. Mais cela va bien au-delà. Les deux hommes divergent sur tout ce qui est important, à commencer par la vision qu'ils ont de la France, de sa place dans le monde et de son avenir. Rien d'étonnant : tous deux sont, quelque part, des étrangers, mais l'un est un émigré, l'autre un immigré. Villepin est né au Maroc, il a grandi en Amérique, son père est sénateur représentant les Français de l'étranger et il a embrassé la carrière de diplomate : c'est dire qu'il voit la France de l'extérieur, puissante, écoutée, souvent plus grande et plus belle qu'elle ne l'est en réalité. Sarkozy, lui, est un enfant d'immigré. Né à Budapest, sous le nom de Pál Sárközy y Nagy-Bócsay, son père fuit son pays lorsque l'Armée rouge envahit la Hongrie. Errant en Autriche, puis en Allemagne, il rencontre enfin, à Baden-Baden, un recruteur de la Légion étrangère, signe pour cinq ans et part à Sidi-Bel-Abbès, en Algérie. Il échappera cependant à la guerre d'Indochine et sera démobilisé à Marseille en 1948. Puis sera naturalisé français sous le nom de « Paul Sarközy de Nagy-Bocsa ». Constat amusant : malgré leurs noms à particule, ni l'un ni l'autre ne sont de véritables aristocrates, mais on a vu que Paul Sarközy de Nagy-Bocsa (qui dira avoir été dépouillé de châteaux en Hongrie dont personne ne retrouvera jamais la trace) l'est nettement moins que Dominique Galouzeau de Villepin ! L'aventurier épousera l'année suivante Andrée Mallah, une étudiante en droit dont le propre père était un juif de Salonique profondément gaulliste. Elle lui donnera trois garçons, dont Nicolas, né en janvier 1955. Ainsi, Sarkozy a, inscrite dans ses gènes, une tout autre vision de la France, qui n'est pas moins belle. Une France concrète, chaleureuse, ouverte aux malheurs du monde. Un pays de cocagne où l'ascenseur social fonctionne pour ceux qui le veulent bien.

Deux visions opposées et tout aussi idylliques. Dans un brillant article du *Nouvel Observateur* sur le thème des deux France, Hervé Algalarrondo décrit comment Sarko, enfant, en compagnie de son grand-père maternel, allait voir le général de Gaulle ranimer la flamme du Soldat inconnu, tandis que Villepin écoutait « sur ondes courtes, à des milliers de kilomètres, l'homme du 18 Juin parler d'une France qui ne se cabrait pas ».

On n'en finirait plus de dresser le bilan de ce qui sépare les deux hommes. Pour Villepin, « la France a une âme, un destin qui, même au bord du gouffre, lui fera trouver la parade, l'antidote au venin mortifère, l'issue au cauchemar. Elle vacille, mais ne tombe pas[1] ». Pour Sarkozy, il y a longtemps que la France ne vacille plus mais qu'elle tombe. Il veut la voir « telle qu'elle est, pas telle qu'on la rêve ». Pour Villepin, il y a un modèle social français, alors que pour Sarkozy, avec son chômage record, ses pauvres et ses exclus, c'est d'un contre-modèle dont il faut parler. Villepin critique le monde anglo-saxon, Sarkozy veut s'en inspirer sans complexe, comme il est prêt, en pragmatique, « à imiter les solutions efficaces d'où qu'elles viennent ». Souvent, il ne s'agit que de postures, sinon d'impostures : Villepin est plus libéral, à l'anglo-saxonne, qu'il ne le dit ; Sarkozy est beaucoup plus interventionniste, à la de Gaulle, qu'il ne le montre.

De toute façon, que pèsent les grandes idées dans un conflit de cette nature ? Surtout par rapport à un film, à une photo : celle prise en septembre 2005 à La Baule. Ce jour-là, Villepin réussit un coup d'éclat : on le voit sortant de la mer, bronzé, tous pectoraux dehors, après une baignade matinale, faisant attendre à la terrasse d'un café Nicolas Sarkozy, lunette noires, blafard, enrhumé et déstabilisé par ses problèmes conjugaux ! Tout a été parfaitement mis en scène : pour une fois, le roi des médias s'est fait battre sur son meilleur terrain, celui de la communication. On sous-estimera toujours l'arrogance de la taille et de la beauté, pour ceux qui n'ont pas reçu ce don du ciel.

---

1. Dominique de Villepin, *Le Cri de la Gargouille*, Albin Michel, 2002.

D'autant que Villepin est désormais plus haut sur l'escalier : après la victoire du non au référendum sur la Constitution européenne, le 29 mai 2005, il a été promu à Matignon, tandis que son rival est retourné au ministère de l'Intérieur, tout en restant patron de l'UMP, une double casquette que Chirac lui avait interdite jusque-là.

De ce jour, jusque-là larvée et souterraine, la guerre sera déclarée. Médiatique et politique de la part de Nicolas Sarkozy, plus sournoise et personnelle de la part de Dominique de Villepin, personnage cynique fasciné par le côté obscur de la politique. On n'en verra que les échos les plus bruyants. Souterraine, depuis des mois, elle est terrible.

Sarkozy est un homme politique mais il est d'abord un homme. Un homme amoureux de sa femme, Cécilia, avec laquelle il a eu un fils qu'il a eu l'imprudence de mettre en scène lors de son intronisation à grand spectacle à la présidence de l'UMP, le 28 novembre 2004. Louis est apparu sur les écrans, parmi d'autres témoignages, pour dire : « Bonne chance mon papa ». Le dimanche 22 mai 2005, l'homme politique s'efface devant l'homme tout court, qui craque. Trois heures avant son interview prévue au journal de 20 heures, sur TF1, il se dérobe, prétextant un « coup de fatigue ».

C'est l'élément concret qui va permettre de donner corps à la rumeur qui courait depuis quelques jours dans les rédactions : le lendemain, France Inter, la première, brise l'omerta, en évoquant les « problèmes familiaux » du président du premier parti de France. Et le surlendemain, Valérie Lecasble, alors directrice de la rédaction de *France-Soir*, décide de mettre une photo de Sarkozy sur toute sa une, sous un titre choc : « Le grand désarroi ». Mais le journal ne s'étend pas sur les détails et s'abstient notamment de citer le nom de l'amant avec qui Cécilia s'est affichée en Jordanie. Pour avoir le croustillant, il suffit de lire les journaux suisses. *Le Matin de Lausanne*, en particulier, est informé jusque dans les moindres détails. Il suffit de consulter son site Internet. Ses journalistes assurent qu'ils le sont par leurs collègues français qui ne peuvent ou n'osent pas publier ce qu'ils savent. Mais Sarkozy a la certitude que tout est piloté depuis la cellule noire de l'Élysée. Il est convaincu qu'avec l'aval de Dominique de Villepin, Philippe Massoni, conseiller du président pour la sécurité, Yves Bertrand, ancien directeur des Renseignements généraux, assistés du « journaliste » Marc Francelet, sont à la manœuvre.

Les faits sont là : Cécilia, qui avait avoué, quelques semaines plus tôt qu'elle n'était pas intéressée par le rôle de première dame de France, a quitté son mari. Le 18 mai, elle s'est rendue à Petra, haut lieu du tourisme de Jordanie où se tenait un colloque international sur « les propositions concrètes sur un monde meilleur », en compagnie de Richard Attias, patron de Publicis Event. Ce quadragénaire brillant, qui fréquente les grands de ce monde et mène grand train, a organisé ce colloque, autour du roi Abdallah II de Jordanie, de l'écrivain Elie Wiesel et de nombreux autres prix Nobel. Cécilia a voyagé en sa compagnie et s'affiche en couple avec lui. Un ministre français est présent, ainsi que de nombreux patrons et hauts fonctionnaires : la nouvelle est répercutée dans l'instant à Paris. L'Élysée en informera discrètement plusieurs journalistes, y compris quelques-uns de ceux qui étaient déjà au courant. L'affaire semble sérieuse : le samedi suivant, Cécilia et Nicolas Sarkozy n'apparaissent pas au mariage d'une des filles d'Ernest-Antoine Seillière, président du Medef, alors qu'ils étaient attendus. Alors numéro deux de l'organisation patronale, Guillaume Sarkozy ne dit mot mais chacun a compris. L'affaire est sérieuse. Le couple a décidé de se séparer. Le 26 mai, sur France 3, le mari abandonné reconnaît avoir « des problèmes de couple » comme en ont beaucoup de Français. Pendant plusieurs semaines, tous les journaux prendront des airs de presse people. Ils rivaliseront de scoops, suivant le feuilleton des retrouvailles et des séparations du couple qui se succèdent à un rythme endiablé.

Nicolas Sarkozy paye au prix fort le risque qu'il a pris en scénarisant pendant des années sa vie de couple et en mettant Cécilia en avant, dans les médias, tel John Kennedy avec sa femme, la future Jackie Onassis. Il sifflera la fin de partie, après une couverture de *Paris Match*, fin août, où l'on voyait Cécilia en compagnie de Richard Attias, à New York, regardant le plan d'un appartement et, en pages intérieures, une photo prise au moment de la convention d'intronisation de Nicolas Sarkozy à l'UMP, où l'on voit côte à côte, comme dans une pièce de Feydeau, le mari, la belle et l'amant. Cette couverture et cette photo vont provoquer une colère noire de Sarkozy contre Alain Genestar, directeur de la rédaction de *Match*. Alors qu'Arnaud Lagardère avait présenté aux cadres de son groupe Nicolas Sarkozy « non pas comme un ami, mais comme un frère », Genestar n'a prévenu son patron, alors en voyage aux États-Unis, qu'après le bouclage, pour ne pas, lui a-t-il dit, « le mettre dans une situation embarrassante ». Arnaud Lagardère annoncera par la suite, à moi comme à d'autres, son intention de remplacer Genestar. Il le laissera entendre publiquement lors d'une interview avec Jacques Chancel, sur la chaîne d'information I>Télé. Puis il se ravisera, sans doute provisoirement, à la demande de Sarkozy qui n'a pas voulu passer pour liberticide. Et qui a compris tout le parti qu'il pouvait tirer d'un Genestar affaibli et d'un Lagardère débiteur. Plus tard, Sarkozy obtiendra des journaux qu'ils ne citent pas le nom de sa nouvelle compagne, une journaliste du *Figaro*.

Pendant cette période difficile, ses ennemis, à commencer par les proches de Villepin, ont soufflé sur les braises. Le cabinet noir de l'Élysée et diverses officines ont informé les rédactions et distillé des rumeurs. Pas de quartier pour la bête blessée ! On a décrit le président de l'UMP comme fragile, tourmenté, dépressif, sous influence, incapable d'assumer sa charge et, en tout cas, de prétendre à la magistrature suprême. Les sarkozystes ont dénoncé le coup bas, souligné que tout ceci faisait partie d'un plan concerté de déstabilisation. Ils assurent qu'un jeune éditeur, qui se spécialise dans les livres dénonciateurs, a reçu la proposition d'un livre bâti sur l'histoire du père de Nicolas Sarkozy.

Mais ses proches vont plus loin. Il ne faut pas exclure, disent-ils, un coup monté. Frédéric Charpier, dans un livre consacré au candidat à la prochaine élection présidentielle, cite « un préfet proche de Sarkozy » : « En quoi l'hypothèse d'une manipulation serait-elle si extravagante qu'on le prétend ? Cécilia était le maillon faible, ils l'ont suivi[1]. » L'informateur ano-

1. Frédéric Charpier, *Sarkozy, enquête sur un homme de pouvoir*, Presses de la Cité, 2006.

nyme va plus loin, assurant que la possibilité d'une séduction préméditée a été « étudiée au moins par principe par certains services du ministère de l'Intérieur » (occupé alors par Villepin). Très introduit dans les milieux francs-maçons, Frédéric Charpier affirme que son informateur, « dès la fin 2002, alors qu'aucun nuage n'assombrissait le quotidien du ménage Sarkozy, attirait déjà notre attention sur des "équipes" mises aux basques de l'épouse du ministre ». Des équipes composées de « policiers chevronnés, blanchis sous le harnais de la préfecture de police. Des flics à tout faire, spécialistes des écoutes sauvages et des filatures, proches de hauts fonctionnaires chiraquiens ». Ces officines semi-officielles, renforcées par quelques journalistes – dont des anciens de *Match* –, auraient été activées sous l'autorité du cabinet noir de l'Élysée.

Si l'hypothèse d'une manipulation totale de Cécilia via Richard Attias paraît farfelue – ce n'est pas leur genre –, il est clair que des officines proches de l'Élysée et du ministère de l'Intérieur où officiait Dominique de Villepin ont suivi de près la love story de Cécilia et l'ont largement fait connaître dans le microcosme. Sarkozy, croisant plus tard dans un couloir de l'Élysée le préfet Philippe Massoni, conseiller du président pour la sécurité, lui a lancé d'une voix blanche : « Il va y avoir du sang sur les murs et il n'y aura pas besoin de chercher l'ADN pour savoir que ce sera le tien ! » Massoni n'a pas répondu. S'agissait-il d'une allusion à son rôle supposé dans l'affaire Cécilia ou dans l'affaire Clearstream ?

L'homme n'a pas pardonné et ne pardonnera pas. S'il remettait la main à l'ouvrage, sans doute ne réécrirait-il pas mot pour mot le passage qu'il avait consacré à Villepin dans son livre *Libre* : « Le quotidien l'assomme, la médiocrité le déprime, l'adversité le requinque, il n'y a pas de petitesse chez ce guerrier. » Dès ce moment, il est au contraire persuadé que son adversaire direct est capable de tout, et même du plus vil, pour l'éliminer à son profit de la prochaine course à l'Élysée.

Chapitre 8

Les Branquignols font la fête

Denis Robert, Renaud Van Ruymbeke, Jean-Louis Gergorin et, pour coiffer l'ensemble, Dominique de Villepin : c'est autour de ces quatre personnages que va désormais se déployer l'affaire Clearstream. Une affaire d'État qui, dans tout autre pays démocratique, aurait déjà provoqué la démission, dans l'opprobre général, du Premier ministre, voire du président de la République. Mais qui est en même temps – c'est son paradoxe – une affaire d'escrocs de petit calibre, de faussaires amateurs, de faux corbeaux, de Pieds Nickelés et de corneculs mythomanes, couverts par les manteaux prestigieux de l'État, de la grande industrie, de la presse et de la justice. D'autres personnages figurent, bien entendu, dans ce tableau baroque : Michèle Alliot-Marie, ministre de la Défense, pitoyable avec ses mensonges proférés sur un ton métallique de chaisière outragée ; Philippe Marland, son directeur de cabinet, surnommé « savonnette », dont le plus grand exploit a été de faire faire au porte-avions *Clemenceau*, pauvre épave désarmée et vaguement désamiantée, le tour de l'Afrique tiré comme un chien en laisse, sous les quolibets. Mais il faut s'attarder plus longuement sur deux acteurs décisifs de cette affaire qui n'avaient, eux, aucune obsession particulière mais sont venus rejoindre ce bal des tordus et des paranos.

Le premier d'entre eux est Imad Lahoud. Chrétien libanais d'origine, il est de formation scientifique, comme son frère Marwan, ancien conseiller au cabinet du ministre de la Défense et artisan, avec Jean-Louis Gergorin, de la fusion Aerospatiale-Matra puis de la création d'EADS, enfin président de MMB, la filiale du groupe franco-allemand chargée de fabriquer et de vendre des missiles. Une carrière d'autant plus brillante qu'en raison de ses origines libanaises, Marwan Lahoud a subi l'ostracisme des fronts bas du ministère de la Défense et de la DST, toujours prompts à déceler la taupe derrière le premier patronyme arabe venu. On ne lui a accordé son habilitation secret défense qu'avec la plus grande réticence.

Imad est tout aussi intelligent, tout aussi atteint par la bosse des maths, mais il n'a pas le même cursus universitaire ni la même force de caractère que Marwan. Ni la même rigueur. C'est un dilettante. Un séducteur, à l'aise sur les pistes de danse. Un beau parleur. Lui, sa carrière, il la vit en rêve. Pour réussir, il invente des histoires, se découvre cousin d'Émile Lahoud, le chef d'État libanais avec lequel il n'a pourtant aucun lien de parenté, enjolive son curriculum vitae et, attiré par l'appât du gain, ne cesse de monter des coups qui se révéleront le plus souvent foireux. Lorsque sa famille quitte le Liban en 1982, elle s'installe à Paris, dans un dénuement relatif. Au lycée Janson-de-Sailly, en prépa, il rencontre Anne-Gabrielle Heilbronner, une jeune fille vive et brillante, qui a eu son bac à seize ans et tombe immédiatement amoureuse de lui. Elle est la fille de François Heilbronner, énarque et inspecteur des Finances, ancien directeur adjoint du cabinet de Jacques Chirac à Matignon, recasé à la présidence du groupe d'assurances Gan qu'il gérera de façon désastreuse. Ils se marient en 1991 : Imad vient d'avoir vingt-quatre ans.

L'union de ce Libanais, chrétien maronite, avec cette héritière d'une riche famille juive et laïque fait jaser. Mais son beau-père est sous le charme. D'autant que le jeune marié entreprend de se convertir au judaïsme et d'apprendre un minimum d'hébreu. Il est embauché à Londres par la banque Merrill Lynch pour y travailler sur les marchés dérivés. C'est un golden boy qui roule en Ferrari. À son retour en France, en 1995, il raconte partout qu'il gérait les biens de plusieurs grandes fortunes arabes. Après le 11 septembre 2001, il ajoute une précision supplémentaire : parmi ses clients, il avait tous les héritiers de la famille saoudienne Ben Laden, dont Oussama. De quoi retenir l'attention dans les dîners en ville ! Il y est d'ailleurs accueilli à bras ouverts avec Anne-Gabrielle, qui réussit l'ENA et deviendra inspectrice des Finances, l'élite de l'administration française. Surfant sur la bulle financière, Imad Lahoud et son beau-père créent ensemble un fonds d'investissement spéculatif, logé dans les îles Vierges, un paradis fiscal. Lahoud est convaincu que la Bourse est une science exacte, obéissant à la logique mathématique qu'il maîtrise parfaitement. Avec le Volter Fund Ltd, on gagne à tous les coups, comme à la Foire du trône ! Sauf quand la bulle technologique s'effondre, en particulier sur les valeurs Internet. La tentation est grande alors de payer les dividendes des uns avec l'argent des autres. Le trou atteindrait, selon les enquêteurs, quelque 45 millions d'euros. Estimant avoir été trompés, plusieurs clients portent plainte contre le duo improbable.

Imad Lahoud n'a pas de chance : sa juge s'appelle Isabelle Prévost-Desprez. Une féroce, qui met en prison comme on fait ses courses, avec une sévérité particulière envers les commerçants et les financiers[1]. En juin 2000, après la perquisition de son domicile, Lahoud est mis en examen pour « escroquerie aggravée, usage de faux et complicité de faux ». Avec Isabelle Prévost-Desprez, le blanchiment comme l'escroquerie sont toujours « aggravés » parce que commis « en bande organisée », ce qui permet de doubler les peines. Convaincue que la plupart des malversations sont destinées aux hommes politiques, adepte résolue de la détention préventive, elle enverra Imad Lahoud en prison. Il y restera trois mois et demi.

Quand il en sort, le lundi 7 octobre 2002, il lui faut retrouver du travail. Dès le lendemain, il déjeune avec Marwan, pour la première fois depuis 1994 – les deux frères étaient en froid, mais l'épreuve subie par Imad a apitoyé Marwan –, dans une petite salle à manger au huitième étage du siège d'EADS, d'où l'on surplombe le champ de courses d'Auteuil : au temps pépère d'Aerospatiale, parier au téléphone et suivre la course à la jumelle était une distraction fort prisée. Marwan a un objectif : trouver du travail à Imad. Un vrai travail. Gergorin les rejoint pour prendre le café. Imad fait

1. Isabelle Prévost-Desprez, en charge de la vaste escroquerie du Sentier, reste dans les mémoires pour avoir fait interpeller un rabbin à la porte de la prison d'où il venait de sortir. Elle n'avait pas admis que la chambre de l'instruction, jugeant la sanction trop lourde, l'ait fait remettre en liberté. Alors elle l'a renvoyé en prison !

valoir ses qualités, présente son expérience de gérant de fonds d'investissement, glisse qu'il est aussi spécialiste du décryptage. Gergorin semble intéressé : il lui demande de lui faire parvenir son curriculum vitae. En janvier 2003, il lui propose un job de consultant, au grand dam de Marwan, qui ne souhaitait pas voir son frère employé dans la même entreprise que lui. L'affaire est sur les rails. On ne mesure jamais assez les effets pernicieux du chômage dans le milieu des cadres supérieurs.

Pas plus que les effets ravageurs de l'âge sur les capacités physiques et intellectuelles des espions. Car au même moment, un nouvel acteur fait son entrée en scène sur le petit théâtre Clearstream : il s'appelle Philippe Rondot. Cet ancien agent secret, paré de tous les titres et des plus hautes décorations, dont on dit qu'il a traqué et interpellé le terroriste Carlos au Soudan, que l'on présentait comme un serviteur exemplaire de l'État et un professionnel efficace et respecté, s'est du jour au lendemain retrouvé couvert d'opprobre et de ridicule. Il y a des agents secrets qui auraient tout intérêt à le rester : prestigieux dans l'obscurité, ils ne supportent pas la lumière. À soixante-neuf ans, Rondot avait prévu une retraite paisible : général de division (trois étoiles), il a quitté le 31 décembre 2005 son poste de conseiller de la ministre Michèle Alliot-Marie pour le renseignement et les opérations spéciales (Cros). À cette occasion, Jacques Chirac l'a élevé à la dignité de grand officier de la Légion d'honneur. Mais il est parti du ministère de la Défense comme un zombie, sans le moindre discours ni pot d'adieu. Il venait rarement, il n'est plus venu, tout simplement.

On imagine volontiers ce vieux monsieur, visage rond et crâne rasé, enfiler ses patins sur le seuil de son appartement, dans une résidence pour cadres de Meudon, dans la banlieue sud de Paris. Et noter tous les jours la liste des courses à faire, de son écriture en pattes de mouche. Comme il a noté, pendant des années, tel un notaire oublieux, tout ce que son maître lui a demandé de faire, tout ce qu'il lui disait et qu'il ne fallait pas répéter. Mais Dominique de Villepin, c'était un peu sa lumière, son phare. Le jeune homme, devenu ministre, qu'il est si fier de tutoyer, ranimait la flamme de son gaullisme d'antan, quand la France était grande et qu'il la servait avec amour et zèle. Comme l'avait servi son père Pierre, lui aussi saint-cyrien, lui aussi général, lui aussi espion, lui aussi spécialiste du monde arabe. Son père, qui a mis sur pied les services secrets syriens, avec un certain Gaby Lahoud, sans lien de parenté avec Imad, contrairement à ce que celui-ci racontera. Mais qu'importe : l'espionnage aussi est une petite famille !

Rondot a connu Villepin à la fin des années soixante-dix : tous deux étaient auditeurs au centre d'analyse et de prévision du Quai d'Orsay que dirigeait Gergorin. Depuis, les trois hommes sont restés en contact permanent, échangeant leurs informations et se rendant des services mutuels. Comment l'espion s'est-il retrouvé à écouter, au CAP, les fulgurances du jeune Gergorin ? Pour se faire oublier. Ayant intégré le Sdece (ancêtre de la DGSE) dès 1965, après sa guerre d'Algérie, il est en poste à l'ambassade de France à Bucarest, quand il a été rappelé d'urgence à Paris, soupçonné – à tort – d'avoir été traité et retourné par la Securitate, le terrible service secret de Nicolae Ceausescu. Tout ça, selon lui, parce qu'un soir, ayant perdu ses clés, il n'est pas rentré chez lui. Curieux mais pas invraisemblable, compte tenu de l'atmosphère de guerre froide et de paranoïa qui régnait et qui règne encore à la DGSE, sur les espions en poste à l'étranger.

Son passage dans le sas du Quai d'Orsay va ensuite permettre à ce curieux général de réaliser ce que nul autre militaire n'avait fait avant lui : est-ce parce qu'on ne veut plus de lui au Sdece où il a passé quinze ans ? Toujours est-il qu'en 1980, à quarante-quatre ans, il rejoint la DST, le service de contre-espionnage. Cette connaissance, de l'intérieur, des deux services rivaux, qui se font éternellement la guerre, va lui donner un atout important vis-à-vis des politiques, qui cherchent toujours à tenir sous surveillance les services secrets. À l'inverse de certains agents qui s'épuisent à monter des coups contre les politiques qui ne sont pas de leur camp ou qui ne leur conviennent pas, Philippe Rondot a une nature qui le porte à aller au-devant de leurs attentes. C'est un bon soldat, qui passe les alternances en surveillant ses collègues comme le lait sur le feu.

Le premier homme politique qui l'utilise est Pierre Joxe, alors ministre de l'Intérieur. Celui-ci le fera revenir à la Défense, lorsque lui-même changera de poste. Rondot est un peu, pour Joxe comme pour ses successeurs, la tour de contrôle des services de renseignement : sûr, fidèle et bien renseigné. Un bon républicain qui ne fera pas de coup d'État et à qui l'on prête les compétences d'un vieux sage, capable de déjouer les coups tordus dont la DGSE comme la DST, divisées en clans politiques ou historiques, ont toujours été friandes. Pour neutraliser les deux services ennemis, il en ajoute un troisième en participant à la création de la direction de la sûreté militaire (DSM).

Son fait d'armes, aux yeux de Chirac : en 2001, alors que Lionel Jospin, à Matignon, va entrer en campagne contre le président de la République, Rondot a neutralisé les velléités de certains membres de la DGSE d'enquêter sur de prétendus comptes bancaires que le chef de l'État aurait détenus au Japon, où la rumeur publique lui prête une maîtresse attitrée et même un fils caché. Aucun élément concret ne viendra étayer l'histoire de ces comptes et de cette famille nipponne, à part les voyages fréquents du chef de l'État au Japon – où il se serait rendu une cinquantaine de fois – et son goût immodéré pour le Sumo, une passion dont Nicolas Sarkozy se moquera ouvertement, disant, quant à lui, « préférer le foot et le vélo ». Il reste que Jacques Chirac a suivi les méandres de cette enquête – qui, bien entendu, n'a jamais existé – avec une attention toute particulière et a su gré à Philippe Rondot d'éviter tout dérapage.

Malgré une carrière plutôt ondoyante, faite d'allégeances successives, va se construire autour de Philippe Rondot la légende d'un espion au-dessus du panier, une sorte de James Bond à la française. Un ancien ministre, membre des services secrets, m'explique que ceux-ci ont toujours besoin de créer des héros artificiels, qui servent de paravent. On raconte donc que Rondot parle l'arabe, l'anglais, l'allemand, le russe et le roumain, mais on oublie de dire qu'il ne sait pas se servir d'un ordinateur ! On lui donne le surnom de « colonel Lawrence » (d'Arabie) à la française. On évoque l'ampleur et la solidité de ses réseaux, en particulier à Damas, où il est en relation étroite avec le général Tlass, qui restera trente-deux ans à la tête du ministère de la Défense. En omettant de dire que le général et sa fille Nadje Ojjeh ont passé le plus clair de leur temps à Paris où ils connaissent tout le monde. Il n'empêche : on explique que grâce à ses réseaux, Rondot a joué un rôle décisif dans la libération de plusieurs otages français, jusqu'à Christian Chesnot, Georges Malbrunot et Florence Aubenas. On affirme qu'en 1986, il a réussi à exfiltrer du Liban le général Michel Aoun et surtout qu'il est l'homme qui a arrêté Carlos en 1994. Mais on passe sous silence son incapacité à obtenir la libération des sept moines de Tibéhirine, en Algérie, assassinés par un commando d'islamistes, après une négociation ratée. Et surtout, on occulte volontiers, à Paris, le terrible fiasco, en juillet 2003, de la tentative de libération d'Ingrid Betancourt, otage des Farc – une guérilla qui dure depuis plus de quinze ans contre le pouvoir colombien. Une opération conduite main dans la main par Dominique de Villepin et Philippe Rondot, qui ont montré, à cette occasion, à la fois leur intimité et leur niveau d'incompétence.

Libérer Ingrid Betancourt est sans doute un objectif légitime. Encore ne faut-il pas faire n'importe quoi pour y parvenir. Villepin poursuit dans cette affaire un double objectif, politique et personnel : il est un ami très proche. On lui prête même une ancienne aventure avec cette Franco-Colombienne, candidate à l'élection présidentielle dans son pays, à la veille de son enlèvement, en 2002. Sur une information douteuse d'une libération possible, Astrid, la sœur d'Ingrid, qui est en liaison avec le ministre pendu au téléphone, se rend dans un village colombien proche de la frontière brésilienne, au cœur de l'Amazonie. Elle ne verra jamais les émissaires des Farc. Encore moins sa sœur. Le 9 juillet 2003, un avion Hercule-C130 de grosse capacité se pose à Manaus, au Brésil. À bord, onze Français, tous munis de passeports diplomatiques. Prévenue, la police les attend. Invoquant l'immunité diplomatique, les membres du commando interdisent aux policiers de vérifier le contenu des soutes. Quatre des passagers embarquent alors, dans un avion-taxi, direction São Paulo d'Olivença, à la frontière colombienne.

Arrivé sur place, le pilote brésilien, Cleiton de Abreu, plante ses clients sur place et court prévenir la police, qui récupère un médecin, deux agents de la DGSE et Pierre-Henri Guignard, chef adjoint du cabinet de Villepin... Tous les quatre seront reconduits manu militari à Manaus et l'Hercule C-130 devra quitter le territoire brésilien « à l'invitation » du gouvernement du président Lulla. La presse locale affirmera que l'avion était bourré d'armes, qui devaient être échangées contre Ingrid Betancourt, ce que Paris démentira. Quant à l'équipe, en dehors de Guignard, elle était composée d'agents de la DGSE, médecin compris. Prévenus des préparatifs et vexés d'avoir été tenus à l'écart, les Brésiliens attendaient les Français. Quelle folie de monter une opération à l'insu des autorités d'un pays voisin [1] et ami ! Le Brésil connaît mieux la situation en Colombie que les hiérarques exaltés du Quai d'Orsay. Et surtout, quelle irresponsabilité ! Un ami diplomate brésilien, alors en poste à

1. Le Brésil a une plus longue frontière commune avec la Guyane, territoire français, que tous les voisins européens de la France n'en ont avec elle.

Bogota, m'a raconté à quel point cette opération fumeuse et attentatoire à la souveraineté de son pays avait fait tomber la France de son piédestal, au Brésil et dans toute l'Amérique latine. Sans s'étendre, bien entendu, sur l'image du ministre des Affaires étrangères français, réserve diplomatique oblige. Conseillé par Rondot qui a conçu et piloté toute l'opération, le ministre a mobilisé les moyens de l'État pour aller chercher sa belle, seule parmi les milliers d'otages que détiennent les Farc. Chevaleresque peut-être, inefficace et nuisible à coup sûr.

Est-ce en raison de ce terrible échec, qui lui a fait perdre le crédit qui lui restait dans les milieux du renseignement, ou bien à cause du décès de son épouse ? Toujours est-il que Philippe Rondot n'est plus le même homme. À l'hôtel de Brienne, siège du ministre de la Défense, il occupait, sous les combles, un petit bureau anodin où il ne faisait que passer, préférant, disait-il, « les contacts sur le terrain ». C'était aussi le prétexte qu'il trouvait lorsqu'il restait chez lui, dans sa résidence de Meudon, où quand il allait se mettre au vert dans sa maison de campagne proche de La Charité-sur-Loire, dans la Nièvre, où il était voisin du journaliste politique Stéphane Denis, un parent éloigné. Alors que du temps d'Alain Richard, relativement bien intégré au cabinet, il était consulté régulièrement par le ministre, il est mis au placard dès l'arrivée d'Alliot-Marie. Celle-ci ne l'apprécie guère, pas plus qu'elle n'apprécie les relations qu'il a eues avec son prédécesseur. Pourquoi l'a-t-elle gardée ?

À la demande expresse de Jacques Chirac – toujours cette histoire japonaise et cette méfiance des services secrets, pense-t-on alors. Plus souple qu'on ne le dit, la ministre obéit, mais Rondot sera mis au placard, comme un pépé dans sa soupente. Il ne fait d'ailleurs aucun effort pour en sortir : il repousse les avances des membres du cabinet qui le connaissent de nom et souhaitent le rencontrer. Il n'a de contacts réguliers qu'avec Philippe Marland, le directeur de cabinet de la ministre, qui rend compte régulièrement et ne dispose que de très faibles marges de manœuvre, par fonction et par tempérament. « Le Cros ne participe à aucune réunion, ne dépend ni du cabinet militaire ni du cabinet civil, et réduit au strict minium ses relations avec le "bureau réservé", qui assure l'interface du ministre avec les services de renseignement[1] », écrit Laurent Zecchini, dans un article consacré à Rondot. Il évite tout contact, n'accorde sa confiance qu'à son unique collaboratrice, sa nièce, Stéphane Queroy. Il n'a même pas de téléphone crypté et use de temps en temps celui de ses voisins pour appeler l'étranger. Locataire discret à l'hôtel de Brienne, on s'étonne de le voir régulièrement à l'Élysée et dans les ministères, en particulier au Quai d'Orsay, au ministère de l'Intérieur et à Matignon, comme s'il suivait à la trace le parcours de Dominique de Villepin.

Voilà donc quatre activistes, chacun tout entier habité par sa cause qu'il estime essentielle et juste, dont un chômeur et un retraité. Sans oublier, le cinquième homme, un certain Nadhmi Auchi, discret et richissime intermédiaire anglo-irakien qui s'active en coulisse pour essayer d'obtenir une levée du mandat d'arrêt international qui a été lancé contre lui dans le cadre de l'instruction de l'affaire Elf, alors conduite par le juge Van Ruymbeke. Ou bien le sixième, un

1. Laurant Zecchini, dans *Le Monde*, 3 mai 2006.

jeune auditeur d'Arthur Andersen, qui a enquêté sur les comptes de Clearstream et que Denis Robert, toujours soucieux de donner à son dossier le retentissement qu'il n'a pas, a présenté à la fois à Imad Lahoud et à Renaud Van Ruymbeke. Ou encore un certain S., membre de la DGSE, soupçonné d'avoir introduit quelques-uns de ses ennemis personnels dans le dossier, assez compliqué comme ça...

Comment cet improbable équipage a-t-il pu embarquer le pays tout entier dans une tempête qui reléguera pendant plusieurs semaines tous les autres sujets – emploi, impôts, sécurité, faits divers et tous les événements du monde – dans les pages intérieures des journaux ? Une tempête où risquent de se noyer le Premier ministre et le président de la République.

Chapitre 9

« Si nous apparaissons, le président et moi, nous sautons »

Consultant chez EADS, chargé d'étudier la possibilité de créer des fonds d'investissement internes au groupe, ce n'est pas un si vilain métier pour quelqu'un qui a passé cent huit jours en détention provisoire et fait ou fera l'objet de cinq procédures différentes, comme Imad Lahoud. Certaines sont complexes, d'autres d'une simplicité biblique : tel ce partenaire du golf d'Étretat qui s'est laissé convaincre de lui confier 100 000 euros, puis 400 000 euros dans un deuxième temps, pour monter un nouveau journal : *Golf et Tourisme*. Le journal ne fera pas long feu. Les pertes sont énormes. Il y a de bonnes raisons à cela : le financier est accusé d'avoir falsifié un bordereau pour que les sommes soient directement versées sur son compte personnel. Certes, Imad Lahoud est présumé innocent tant que les cinq affaires dans lesquelles il est mis en cause ne seront pas définitivement jugées. Mais de fortes suspicions existent et son entrée chez EADS – même au titre de simple consultant – est quelque chose d'inespéré, compte tenu des procédures extrêmement rigoureuses qui prévalent dans les grandes entreprises, en particulier celles qui travaillent pour la défense nationale. Mais l'intrigant veut plus.

D'une sensibilité aiguë, cet homme a une capacité étonnante à deviner les attentes de ses interlocuteurs et assez de cynisme pour leur fournir tout le grain qu'ils veulent moudre. Il est du bois dont on fait les bonimenteurs, les camelots et les escrocs. Très rapidement, il a vu quel excellent client pouvait être Jean-Louis Gergorin, avec sa fascination pour les services spéciaux, ses obsessions sur l'assassinat de Jean-Luc Lagardère, les mafieux russes, sa haine envers l'ancien PDG de Thomson, Alain Gomez, ou Noël Forgeard. Le financier va très vite embrouiller le stratège international, en lui faisant croire qu'il est aussi un génie de l'informatique, qu'il est capable de *hacker* (percer en secret) les réseaux les mieux protégés. Son objectif, parallèlement à son embauche à un poste de responsabilité chez EADS, est d'entrer dans les services spéciaux, ce qui ouvre un champ infini de possibilités pour des ambitieux qui ne sont pas étouffés par les scrupules. Mais peut-être Imad est-il aussi poussé, comme son frère, par une volonté puissante et sincère de s'intégrer à la communauté nationale en participant à ses activités les plus sensibles et les mieux protégées[1]. Je me garderai de trancher. Il est sûr, en revanche, que, pour se faire adouber, Imad Lahoud en fera des tonnes devant Gergorin, sur sa connaissance des circuits secrets du financement du terrorisme et ses relations, récentes et approfondies, avec la famille Ben Laden et avec Oussama lui-même qu'il

1. C'est cette démarche forcenée vers l'intégration, en dépit d'un environnement militaire hostile aux personnes d'origine maghrébine, qui a conduit Yazid Sabeg, président de la CSEE (ancienne Compagnie des Signaux), à se battre jusqu'à ce qu'il obtienne la Légion d'honneur et l'habilitation confidentiel défense.

dit avoir rencontré quelques mois seulement avant les attentats du 11 septembre.

Subjugué par tant de compétences, Gergorin tombe dans le piège : le 15 janvier 2003, il présente Imad Lahoud au général Rondot, qu'il connaît depuis les années soixante-dix et qui est son sésame pour ses contacts avec la DGSE comme avec la DST. Le vieil espion est ravi : ce n'est pas tous les jours qu'on vous présente quelqu'un susceptible de vous permettre d'attraper Ben Laden... D'autant que Lahoud, devant lui, en rajoute encore. Et si, grâce à lui, le barbu était dans la nasse ? Sans doute le général espère-t-il secrètement rééditer, dix ans après et à la puissance dix, le coup de Carlos, au nez et à la barbe des Américains. A-t-il parlé de sa découverte à Dominique de Villepin, son mentor ? C'est vraisemblable.

Deux jours plus tard, en tout cas, Rondot présente sa perle à deux hauts responsables de la DGSE, Alain Juillet et le général Dominique Champtiaux, qui, eux aussi, sont intéressés. Lahoud va ainsi, pendant plusieurs mois, être traité par la DGSE qui lui donne un téléphone sécurisé, de l'argent et l'affuble d'un nom de code : Typhose. Rondot, qui le gère parallèlement, l'affuble d'un autre nom : Mahdi. Il se couvre : le général, par l'intermédiaire de son directeur de cabinet, met en garde Michèle Alliot-Marie, la ministre de la Défense, sur le caractère « complexe » du personnage, en raison de ses origines familiales, de ses connexions politiques et de ses ennuis judiciaires, mais n'évoque pas la possibilité toute simple d'avoir affaire à un escroc mythomane, fournisseur d'informations bidon. À l'inverse, la DGSE, de son côté, découvrira vite que Lahoud n'en sait pas plus sur Ben Laden que ce qui est écrit dans les journaux. Au bout de trois mois, les liens sont distendus et, le 9 juillet 2003, elle l'éjecte sans qu'il ait jamais mis les pieds à la Piscine, boulevard Mortier. Il était traité dans les cafés alentour.

Mi-février 2003, au moment même où le ministre français des Affaires étrangères affronte de face les États-Unis à l'ONU à propos de l'existence d'armes de destruction massive en Irak, Imad Lahoud se voit donc chargé par le général Philippe Rondot d'une mission : trouver des traces du terroriste international le plus recherché au monde, en perçant les secrets des transactions bancaires internationales. Excusez du peu ! Lahoud ne connaît pas grand-chose en informatique – moins, sans doute, que des milliers de cadres et d'employés d'EADS –, mais il ne se démonte pas pour autant. Rondot veut des listes ? Il sait où les trouver : chez Denis Robert qui se consume de ne pas voir le scandale Clearstream faire chaque jour la une des journaux du monde entier et qui, pour la bonne cause, est disposé à fournir ses listings à qui les lui demande, à commencer par la plupart des journalistes d'investigation de la place. C'est l'un d'entre eux, Éric Merlen, ancien de *L'Événement du jeudi* et de *Libération*, où il a côtoyé Denis Robert, qui donne à Lahoud son numéro de téléphone. Lahoud appelle le journaliste sans lui donner son identité. Qu'importe : Denis Robert est un habitué des rendez-vous secrets, dont il est friand.

Un peu plus tard, il vient chercher son interlocuteur à la gare de Metz, où il habite. Avec son air de cadre supérieur et son regard de myope, derrière de grosses lunettes en écaille, et ses capacités de conviction, Imad Lahoud n'a aucune difficulté à le convaincre. Il se présente comme un financier féru d'informatique et spécialiste de la cryptologie. Il ne lui cache pas ses ennuis judiciaires mais se dit innocent, victime d'une cabale, de la part d'opérateurs ayant fait transiter leurs fonds par Clearstream. Pour démonter la machination et rétablir son honneur, il affirme avoir besoin de travailler sur les listings que détient le journaliste. Peut-être parviendra-t-il à percer leurs secrets. « Robert accueille à l'époque à bras ouverts tout nouvel allié dans sa croisade contre Clearstream, écrira Olivier Toscer dans *Le Nouvel Observateur*, en faisant le récit de cette rencontre : il fait toujours bon accueil aux spécialistes de la haute finance intrigués par ses découvertes, par exemple l'ancien banquier Édouard Stern, qui a perdu beaucoup d'argent sur les marchés financiers russes[1]. » Stern qui a été assassiné le 28 février 2005, à Genève, par sa maîtresse dans des conditions très particulières[2].

Après un déjeuner sympathique, Imad Lahoud reprendra tranquillement son train, avec un précieux cédérom dans son attaché-case. Précieux parce qu'il lui permettra de faire croire à Gergorin et à Rondot, ignares en informatique, qu'il est capable de s'introduire dans les réseaux bancaires les mieux protégés, mieux qu'un jeune *hacker* californien ! Un an plus tard – ce qui est tout de même beaucoup pour un maître espion –, le général Rondot, qui commence sérieusement à douter des capacités de Lahoud à pénétrer

1. Olivier Toscer, dans *Le Nouvel Observateur*, 4 mai 2006.
2. Voir Airy Routier, *Le Fils du serpent*, Albin Michel, 2005.

les systèmes informatiques complexes, comme celui-ci continue de le faire croire, tente de vérifier ses compétences, à sa manière. Devant des juges ébahis, il raconte une scène d'anthologie, le 28 mars 2006. On ne sait s'il faut en rire ou bien en pleurer. Écoutons du Rondot dans le texte[1] : « Je lui ai demandé [à Lahoud] de tester devant moi le système de pénétration dans Clearstream. Ça s'est fait en deux temps. Dans un premier temps, que je situe au début du mois d'avril 2004, j'ai récupéré Imad Lahoud avec ma voiture de service dans une rue à proximité du ministère et nous sommes allés dans la nature, c'est-à-dire dans le parc de l'Observatoire de Meudon. Nous nous sommes arrêtés dans une contre-allée du parc et ça s'est passé dans ma voiture. Imad Lahoud travaillait avec son téléphone portable et son ordinateur. Il a appelé un numéro de téléphone et pianoté les touches de son ordinateur. Je l'ai vu mettre les codes et j'ai vu une liste apparaître sur l'écran. Je précise qu'il a eu des problèmes techniques de liaison parce que, selon Imad Lahoud, cet ordinateur n'était pas assez puissant. Cependant, j'ai vu apparaître un listing qui défilait avec des noms qui étaient déjà apparus dans les listings précédents, comme ceux de Philippe Delmas, Alain Gomez, des Russes et des personnalités politiques telles que Jean-Pierre Chevènement. Ça a été très bref. Pour moi, ça n'a pas été concluant. »

Rondot est un méticuleux, un grand professionnel, il lui faut vérifier encore. Devant les deux juges qui l'interrogent, il poursuit : « Dans un deuxième temps,

1. Déposition du 28 mars 2006, publiée par *Le Monde*, en presque totalité (sur son site Internet) le 28 avril, avant que *L'Express* ne la livre dans son intégralité.

qui s'est passé le même jour, c'est-à-dire immédiatement après, je l'ai accompagné à son bureau à EADS sur le site de Suresnes, où il a effectué les mêmes manipulations avec son téléphone portable, mais en utilisant cette fois son ordinateur de bureau. J'étais derrière lui, je l'ai vu entrer des codes. Après plusieurs tentatives infructueuses, les mêmes listes de comptes que celles que j'avais vues deux heures auparavant à Meudon sont apparues. Je suis reparti convaincu de la capacité d'Imad Lahoud à pénétrer un système informatique. »

Problème : le maître espion, le tombeur de Carlos, le James Bond français, ne sait pas se servir d'un ordinateur, il écrit tout à la main. Sa seule concession à la modernité ? Il a troqué la plume Sergent-Major contre le Bic, puis contre le feutre. Et le voilà qui teste la « capacité de pénétration » de son informateur en surveillant, derrière son dos, de vagues manipulations sur son ordinateur, dans une voiture et à son bureau. Sans même vérifier si le fameux listing n'était pas déjà en fichier, dans un cédérom ou une clé USB ! Il est tellement facile de tromper un ignare en faisant apparaître des écrans intermédiaires, de taper code sur code, avant de faire surgir à l'écran les fameuses listes[1] !

Retour à la visite chez Denis Robert. Dans son interview au *Figaro* du 20 mai 2006, Imad Lahoud affirme qu'il y a été pour « une mission que m'avait confiée [...] le général Champtiaux, directeur de cabinet de

1. Lahoud contestera la déclaration de Philippe Rondot aux juges, dans *Le Figaro* du 20 mai 2006, en affirmant qu'il ne lui a jamais fait de démonstration, pas plus qu'il « n'a usé sa salive » à expliquer le fonctionnement de Clearstream au général, « qui ne fait pas la différence entre un portable et un fer à repasser ». Sur ce point, il dira la vérité.

Pierre Brochand, le directeur de la DGSE ». Il ajoute : « Je peux même vous dire qu'à la DGSE, ils étaient épatés que je ramène un cédérom. » Tout suggère qu'il s'agit en réalité d'un gros mensonge, en tout cas d'une reconstruction a posteriori : Lahoud n'était pas « missionné » par la DGSE. Tout comme il est peu crédible lorsqu'il affirme n'avoir remis aucune copie à Gergorin et qu'il n'en a même pas gardé une pour lui. Ceci n'a pas de sens, compte tenu de la nature du personnage et de sa relation de dépendance à son nouveau mentor. Lahoud a, selon toute évidence, remis à la DGSE une copie du cédérom obtenu de Denis Robert, une autre à Jean-Louis Gergorin. Sans doute en leur faisant croire qu'il avait réussi tout seul à s'introduire dans les ordinateurs de Clearstream. Car, à cette époque, Lahoud joue sur les deux tableaux, pour se faire embaucher à la fois chez EADS et à la DGSE. En réponse à la question d'Éric Decouty qui lui demande ce qu'il a fait des documents, Lahoud répond : « Je les ai remis le soir même de mon rendez-vous chez Denis Robert à un collaborateur du général Champtiaux, dont je préfère taire le nom. » Il semble que le collaborateur en question soit Alain Juillet, alors directeur du renseignement à la DGSE, poste où il ne restera qu'un an, avant d'être nommé responsable de l'activité d'intelligence économique auprès du Premier ministre. Un homme discret, neveu de Pierre Juillet, conseiller de Georges Pompidou et de Jacques Chirac à ses débuts. Alain Juillet a fait l'essentiel de sa carrière dans l'industrie agroalimentaire, tout en grimpant les échelons dans le renseignement : il est l'un de ceux qui ont suivi de très près toute l'affaire Clearstream.

Une chose est sûre, en tout cas : en mars 2003, les listings empruntés par Lahoud à Denis Robert, et qui sont désormais entre ses mains, celles de Gergorin, de Rondot et de la DGSE, ne comportent aucun nom. Qui va en ajouter 57, sur une liste de 895 comptes, dont les numéros, par ailleurs, sont exacts ? À ce jour, on ne sait toujours pas qui sont les faussaires. Les faussaires ? Tout porte à croire, en effet, qu'ils sont plusieurs, ne serait-ce qu'en raison du nombre et de la diversité des personnages dénoncés – injustement pour la plupart d'entre eux. Il y a là la brochette des ennemis de Gergorin, à l'extérieur comme à l'intérieur du groupe Lagardère : Andrew Wang, le réceptionnaire d'une grande partie des commissions versées par Thomson, mais aussi par Dassault et Matra, lors des grands contrats avec Taïwan. L'homme dispose toujours de 920 millions de dollars sous séquestre sur son compte suisse. Il y a aussi, bien sûr, Alain Gomez, qu'il suspecte d'avoir touché des rétrocommissions, ses proches Pierre Martinez et Jean-François Hénin, ainsi que Philippe Delmas, tous emblématiques des conflits avec Thomson d'un côté, avec l'homme lige de Noël Forgeard, patron d'Airbus, de l'autre. On y trouve aussi des oligarques russes, à commencer par Mikhaïl Khodorkovski, alors président du groupe pétrolier Ioukos, qui sera jeté en prison par Vladimir Poutine et purge une peine de huit ans en Sibérie. D'autres Russes apparaissent, tel Arkadi Gaydamak, milliardaire à la quadruple nationalité, objet d'un mandat d'arrêt international dans le cadre de l'affaire des ventes d'armes russes à l'Angola.

Il y a aussi plusieurs illustres inconnus, coupables d'avoir travaillé avec les Russes, comme Fabien Baussart[1]. Mais on trouve aussi le mystérieux Karel Schmitt, identifié par Gergorin comme la tête pensante du réseau qui a enquêté sur Arnaud Lagardère et qu'il soupçonne des pires turpitudes ; ou plusieurs Colombiens, suspectés, toujours par Gergorin, de vouloir mettre la main sur le groupe ; ou encore le milliardaire américain Marc Rich, trader en pétrole... Tous ces noms font bien dans le tableau.

On a aussi la surprise de découvrir sept dirigeants ou consultants du groupe Lagardère, comme son porte-parole, l'ancien journaliste Jean-Pierre Joulin, un ancien magistrat chargé de missions délicates, Bernard Delafaye, ou bien Christian Giacomotto, en rupture avec le groupe, après avoir été le président de sa filiale bancaire. Des noms surprennent, comme celui de l'aimable Gérald de Roquemaurel, patron de magazines, ou de l'obscur Alain Lemarchand, promu depuis administrateur délégué de la filiale Lagardère Active, dont le seul fait d'arme est, semble-t-il, d'avoir tenté de calmer Gergorin qui s'inquiétait d'une tentative de prise de contrôle du groupe Lagardère par des Colombiens, en assemblée générale ! Dans cet inventaire à la Prévert, figure aussi l'essayiste Alain Minc, détesté après avoir été adulé par le Tout-Paris. Est-ce parce qu'il conseille plusieurs grands patrons ou parce qu'il dirige le conseil de surveillance du *Monde*, journal qui a été, à plusieurs reprises, en conflit violent avec Jean-Luc Lagardère ? Ou à cause de sa proximité avec son directeur, Jean-Marie Colombani ?

Tous ces noms de prétendus dépositaires de comp-

1. Fabien Baussart apparaît sous le nom de Fabien Bossard, ce qui laisse supposer que son nom n'était connu qu'oralement, celui-ci ne figurant pas dans le *Who's Who*.

tes chez Clearstream ont pu être placés là par un lecteur attentif des journaux économiques, en même temps fin connaisseur du groupe Lagardère : si ce n'est Jean-Louis Gergorin, ce pourrait être, à la rigueur, Imad Lahoud lui-même. Mais il faudrait qu'il ait eu des conversations approfondies avec Gergorin, qu'il ait identifié la liste de ses ennemis et des ennemis du groupe et qu'il ait décidé de tenir compte des fantasmes de son mentor. Mais comment aurait-il pu inscrire un Alain Lemarchand ou un Fabien Baussart, que personne ne connaît ? En vérité, Jean-Louis Gergorin, par le choix d'une partie des cibles, paraît s'être désigné tout seul. Il a toujours farouchement nié avoir fabriqué les fameux listings : mais quel crédit peut-on accorder à ces dénégations, de la part de quelqu'un qui a menti longtemps en assurant qu'il n'avait rien à voir avec le corbeau ?

D'autres noms, en revanche, ne peuvent avoir été inscrits que par un fin connaisseur des services spéciaux. On y trouve la trace des batailles, aussi féroces qu'obscures, qu'ils se livrent. Sont ainsi accusés de disposer de comptes secrets chez Clearstream le général Jean Heinrich, ancien directeur du Renseignement militaire, Jean-Jacques Martini, chargé de la défense du patrimoine à la DST, Bernard Squarcini, ancien numéro 2 des Renseignements généraux. Et qui connaît en dehors du sérail le colonel Klebnikoff, ancien du secrétariat général à la défense nationale (SGDN), puis responsable de Thomson pour les États-Unis, avant de diriger une ONG s'occupant de la reconstruction d'un village en Chine ? Le faussaire désigne aussi certains agents de la DGSE qui tous ont un profil particulier : il s'agit d'Alain Chouet, responsable du contre-espionnage à la DGSE, et de son subordonné Gilbert Flam, magistrat en détachement à la DGSE, suspecté par Jacques Chirac d'avoir engagé l'enquête sur ses prétendus comptes secrets au Japon – ce qu'il dément –, dossier sur lequel a travaillé Philippe Rondot, à la demande du chef de l'État. Il est vraisemblable que ces noms-là ont été inscrits sur la liste par un membre de la DGSE qu'Arkadi Gaydamak, ainsi que plusieurs dirigeants de la DST, ont identifié. Ce personnage, S., était déjà à l'origine de la dénonciation qui a donné naissance à l'affaire de l'Angolagate. Ce responsable de la DGSE n'aurait pas supporté d'avoir perdu la face lors de la libération des pilotes français capturés en Bosnie par les Serbes : son service avait en effet annoncé leur mort certaine à Jacques Chirac. Et S. se serait vengé sur Gaydamak, correspondant de la DST, qui a contribué à leur libération grâce à ses contacts au FSB russe, l'ex-KGB soviétique. Charmante coopération entre les services secrets !

Pour la petite histoire, le général Rondot évoquera encore, devant les juges, les noms de Michel Rocard et de Laurent Fabius, ainsi que ceux du mannequin Laetitia Casta et de la chanteuse pour adolescents Alizée – dans la bouche d'un homme de soixante-dix ans, cela ne s'invente pas ! Ce qui signifie que des noms sont fugacement apparus, avant de disparaître, dans une des nombreuses listes qui ont circulé. Une chatte n'y retrouverait pas ses petits. Comme si tous ceux qui ont eu les listes de Denis Robert entre leurs mains y avaient mis, à un moment ou à un autre, leur touche personnelle. Ce qui est techniquement enfantin : on sait maintenant que les noms ont été rajoutés de la façon la plus sommaire qui soit : en les intercalant dans la liste des 895 numéros de comptes, avec dates d'ouverture et de fermeture. N'importe quel débutant en est capable à partir d'un simple tableur Excel.

Mais les faussaires ne sont pas des débutants. Un exemple : le compte attribué à Alain Gomez appartient en réalité à un certain Hugo Gomez, citoyen colombien. On a joué sur l'homonymie. D'autant plus finement que l'ouverture de ce compte date de septembre 1991, quelques jours après la signature du contrat des frégates de Taïwan. Sophistiqué !

Galaxie Lagardère, environnement DGSE : pour l'instant, les cibles permettent d'identifier, au moins approximativement, le ou les faussaires. Mais s'ajoutent les noms de quatre hommes politiques français de premier rang : Jean-Pierre Chevènement, Dominique Strauss-Kahn, Alain Madelin et Nicolas Sarkozy, adroitement masqué et désigné comme bénéficiaire de deux comptes, sous les noms de Stéphane Bocsa pour le premier et de Paul de Nagy pour le second. Peu de gens savent alors que son patronyme complet est Nicolas, Paul, Stéphane Sarközy de Nagy-Bocsa, même s'il figure dans son intégralité et en toutes lettres dans le *Who's Who.*

Ces noms, qui feront scandale, apparaissent très tôt : selon Philippe Rondot, ils figurent dans la liste que lui remet Jean-Louis Gergorin, en novembre 2003. Le général affirmera même avoir fait tout seul le rapprochement avec Sarkozy en consultant le *Who's Who.* Si c'était vrai, il serait particulièrement malin : s'il est facile de trouver Bocsa et Nagy en ouvrant la page Sarkozy, l'inverse n'est pas possible... Qui lui aurait soufflé le nom du ministre de l'Intérieur ? Et surtout qui l'aurait introduit, sous cette forme déguisée, à l'automne 2003 ? Pour Nicolas Sarkozy, cela ne fait pas de doute : c'est Dominique de Villepin qui a eu l'idée et qui en a commandé l'exécution. Il le dira ouvertement à ses proches. Et même à des moins proches, par exemple le dimanche 14 mai 2006 : « Villepin voulait m'abattre, affirme-t-il alors. Pour lui, tous les moyens sont bons. Je sais parfaitement de quoi il est capable. » Novembre 2003 ? C'est ce mois-là que le ministre de l'Intérieur de Jean-Pierre Raffarin, interrogé sur sa candidature à l'élection présidentielle de 2007, à l'émission *100 minutes pour convaincre* de France 2, répond, large sourire aux lèvres : « Oui, j'y pense et pas seulement quand je me rase le matin. » L'émission a pulvérisé tous ses records d'audience. Sarkozy est au plus haut dans les sondages, sa popularité croissante désespère le président. Mais de là à ce que le ministre des Affaires étrangères, lui aussi tout auréolé de gloire pour sa prestation anti-Bush à l'ONU, fasse cyniquement rajouter le nom de son rival sur une liste d'infamie[1], si tôt dans la chronologie de l'affaire, il y a encore une petite marge. Ce n'est pas parce que Sarkozy le dit que c'est vrai : l'homme est trop blessé et le politique, expert dans l'art de se présenter comme une victime, trop habile pour être totalement crédible.

En novembre 2003, Villepin n'est d'ailleurs pas – encore – dans le coup, si l'on en croit du moins Gergorin, ce qui est, il est vrai, aventureux. Selon sa version, assez festive, c'est en se promenant à pied dans Paris, le 1er janvier, qu'il aurait frappé à la porte du Quai d'Orsay, demandant à tout hasard à voir le ministre ! Ils auraient parlé de choses et d'autres, avant de

1. Liste d'infamie d'un strict point de vue politique. Car la détention d'un compte bancaire à l'étranger, y compris chez Clearstream, n'est pas un délit en soi.

« dériver sur le sujet ». Villepin se serait montré très intéressé et c'est ainsi qu'il aurait organisé la fameuse réunion du 9 janvier 2004. Mais quel crédit peut-on accorder aux propos de Gergorin ?

Très vite, quoi qu'il en soit, le stratège va s'impatienter devant le train de sénateur du général Rondot. Leurs centres d'intérêt, il est vrai, ne sont pas les mêmes. Le vieux général s'est couvert auprès de Philippe Marland, son supérieur direct, qui l'a autorisé à enquêter mais en se cantonnant aux personnages cités dépendants du ministère de la Défense. Alors que Gergorin veut une enquête approfondie sur les ennemis présumés d'Arnaud Lagardère et sur... les assassins de son père Jean-Luc. Divergence aussi sur les méthodes. Gergorin pensait que Rondot allait mettre en branle les moyens les plus sophistiqués des services secrets pour aller plus avant dans le démontage des flux financiers internes à Clearstream, seule façon à ses yeux de confondre Alain Gomez, les Russes et autres ennemis. Tandis que le général Rondot, pépère, s'est contenté d'« activer ses contacts » dans les services pour se faire une opinion, autrement dit, pour résumer, de faire quelques déjeuners. « J'ai rencontré certaines personnes citées comme bénéficiaires de virements sur les listings de M. Gergorin, expliquera-t-il aux juges. J'ai ainsi rencontré M. Martini, M. Klebnikoff, le général Heinrich, ainsi que Philippe Delmas. Je ne leur ai pas parlé des comptes lors de ces rencontres, mais j'ai essayé de sentir l'ambiance. » Sentir l'ambiance ! En clair, Rondot a demandé à quelques-uns de ses vieux copains s'il leur semblait possible qu'untel ou untel détienne des comptes secrets ! Il a tenté de savoir si ceux à qui l'on prêtait des transferts de fonds se connaissaient. À la manière d'une investigation policière à l'ancienne, où l'on s'échangeait des informations dans les arrière-salles de bistrot, devant un petit salé aux lentilles, les moustaches dans le verre de beaujolais. À chacun son époque. Les années soixante avaient du charme.

Mais en décembre 2003, Jean-Louis Gergorin et Dominique de Villepin n'ont que faire de la nostalgie. Ils sont pressés. Dès la fin des vacances scolaires, le lundi 5 janvier 2004 au matin, le secrétariat de Villepin appelle Rondot. Rendez-vous est fixé pour le vendredi suivant. Le général se doute qu'il s'agit des listings que lui a déjà remis Gergorin : « J'ai alors pris conscience que cela devait être important[1] », reconnaîtra-t-il naïvement devant les juges. Le 9 janvier, à l'heure dite, il se présente dans le bureau du ministre des Affaires étrangères, au Quai d'Orsay. Aussitôt après lui, entre Gergorin : c'est une reconstitution de ligue dissoute, celle du centre d'analyse et de prévision du Quai d'Orsay que présidait Gergorin à la fin des années soixante-dix, avec deux auditeurs attentifs à ses fulgurances anticommunistes : Villepin et Rondot. Les trois hommes, qui se tutoient, s'en amusent, évoquent rapidement le bon temps. Mais très vite, on passe aux choses sérieuses, si l'on peut dire. Gergorin sort de la poche intérieure de sa veste le même listing que celui qu'il avait remis deux mois plus tôt à Rondot. Le ministre prend alors la parole pour expliquer au général que cette entreprise « assez énorme » met en cause des hauts fonctionnaires, des ministres et des personnalités politiques. Le nom de Nicolas Sarkozy est cité à plusieurs reprises, en relation avec la liste, contrairement à ce qu'affirmera plus tard Villepin.

1. Audition du 28 mars 2006.

Tout à son objectif de démasquer Gomez, Delmas et les Russes, Jean-Louis Gergorin lance :

– Il faudrait peut-être mettre la DST sur le coup.

– Non, non, surtout pas. Si la DST est mise sur le coup, cela remontera tout de suite au ministère de l'Intérieur, aurait lâché Villepin.

Ambiance...

On s'interroge au passage sur l'objectif réel du prochain voyage en Inde de Sarkozy. Quelles en sont les motivations ? Autrement dit, Villepin soupçonne Sarkozy de se constituer un trésor de guerre. Puis la conversation prend un tour particulier. On joue au jeu pervers, fréquent dans les dîners en ville : non pas celui du « qui baise qui » mais du « qui touche, qui touche pas ». Un jeu dont est familier Gergorin, toujours prompt à voir des « rétrocommissionnaires » partout, surtout chez ses concurrents. Mais les trois conspirateurs sont normalement mieux informés que les convives des dîners en ville. C'est dans ce contexte que plusieurs noms sont cités, en particulier celui de Patrick Ollier, surnommé POM (pour Patrick Ollier Marie) parce qu'il est le compagnon de MAM, la ministre de la Défense. Patrick Ollier est président du groupe d'amitiés franco-libyennes à l'Assemblée nationale alors qu'au même moment se négocient discrètement des contrats d'armement au pays du colonel Kadhafi. La révélation de cette conversation, avec ce rapprochement trop facile, suscitera une colère mémorable de la ministre dans le journal de 20 heures de France 2, en mai 2006.

Association de délateurs, association de comploteurs ? Mais que faisait donc le général Rondot, membre du cabinet de Michèle Alliot-Marie, au Quai d'Orsay, ce 9 janvier 2004 ? À quel titre le ministre des

Affaires étrangères a-t-il gentiment remonté les bretelles de son ami, histoire de lui faire accélérer son enquête et de la réorienter dans la bonne direction ? C'est en fait assez simple : le ministre des Affaires étrangères lui explique qu'il lui transmet les instructions qu'il avait lui-même reçues « de la part de M. Chirac, président de la République », comme le dira Rondot aux juges. Les instructions du chef de l'État – qui est aussi le chef des armées et, donc, à ce titre le patron de Rondot – sont claires : il s'agit de vérifier la validité de la liste de comptes sortis de la poche de Gergorin « pour savoir si oui ou non les personnalités qui étaient citées possédaient un compte Clearstream ». Selon Rondot, « la consigne du président de la République était également d'agir avec précaution, discernement et discrétion, car l'affaire était grave, que les mises en cause soient fondées ou pas, et qu'elle pouvait donc avoir des conséquences politiques ». Ce sera réussi.

Premier ministre en titre, Jean-Pierre Raffarin est totalement contourné : il n'est au courant de rien. Le chef de l'État a utilisé le circuit court, comme il l'avait déjà fait pour régler l'affaire délicate de ses prétendus comptes bancaires au Japon. Dès la réélection de Chirac, Gilbert Flam a été déplacé et ses supérieurs sanctionnés, jusqu'à l'éviction de Jean-Claude Cousseran de la tête de la DGSE. Ultime dénouement : on retrouvera le magistrat et son supérieur direct sur les fausses listes Clearstream !

Aussitôt après cette surprenante réunion dans le bureau de Dominique de Villepin, Philippe Rondot en fait le compte rendu méticuleux dans ses notes personnelles : « 9 janvier 2004, 17 h 30, entretien Dominique de Villepin – à son bureau + Jean-Louis Gergorin. Opération reflux. [...] Instruction du président de la République, auquel Dominique de Villepin avait rendu compte. Traitement direct avec le président de la République, prudence cadre secret [...]. Tenir compte des manipulations politiques ». [...] « Les connexions selon Dominique de Villepin + Jean-Louis Gergorin : des réseaux tangentiels à explorer – Fabius, Pasqua, Dominique Strauss-Kahn, Jean-Charles Marchiani. L'enjeu politique : Nicolas Sarkozy [...]. Fixation Nicolas Sarkozy, référence conflit Chirac-Sarkozy. » Tout tourne autour de Sarkozy : « Rôle des Américains – soutien apporté à Nicolas Sarkozy [...]. Les liens Sarkozy-Dassault *Le Figaro* [...]. Dominique de Villepin revient sur le voyage de Nicolas Sarkozy en Chine – intérêt financier ? [...] Compte couplé Nicolas Sarkozy, Stéphane Bocsa – à préciser » [...]. « Dominique de Villepin demande de démonter le système et d'explorer la nature des relations pour comprendre les opérations qui sont énumérées. » Au bas de la note, Rondot ajoute son commentaire. « Mon impression : doute persistant. Belle construction intellectuelle montée par Jean-Louis Gergorin et qui accroche Dominique de Villepin. La théorie du complot[1] ? »

Dès le lundi suivant, dopé par l'implication de Dominique de Villepin et de Jacques Chirac, notre James Bond demande à Gergorin de « poursuivre la pénétration du système informatique de Clearstream entreprise par Imad Lahoud et de continuer à colla-

---

1. Note publiée par *Le Monde*, 4 mai 2006. J'ai rétabli les noms et les sigles dans leur intégralité, tout en conservant les guillemets, pour en faciliter la lecture.

tionner les informations qu'elle permettait de recueillir ». C'est le chien qui se mord la queue. Heureusement que la France, depuis 1945, est en paix avec ses voisins : avec de pareils experts en stratégie et des espions de ce calibre, c'était l'invasion assurée, y compris par la Suisse ! Le général Rondot, lui, est ravi. Il relance Imad Lahoud, qui lui dit poursuivre ses recherches sur l'ensemble des noms du listing et continuer à suivre les flux financiers en temps réel. Lahoud lui apporte de nouveaux listings. Il démontre que les mouvements financiers continuent. « J'ai trouvé que sa production allait vite et il me paraissait doué », avouera Rondot aux juges. Trop beau pour être vrai ? C'est à ce moment-là que le général emmènera le prétendu *hacker* dans sa voiture de service, pour vérifier ses réelles compétences...

Le même lundi 12 janvier 2004, « OSS 117 France », version Dujardin en plus âgé et en moins leste, prend sa plume pour écrire à son ami Villepin : « Je reviens un instant sur notre entretien du 9 janvier ; grâce au travail de recherche de notre source, nous avons, semble-t-il, mis au jour une structure intéressante. Elle paraît cohérente [...]. Il convient bien d'agir "avec prudence, dans un cadre secret, en tenant compte d'éventuelles manipulations politiques", selon les propos du président tels que tu me les as rapportés [...]. Je te remercie pour la dédicace de ton recueil de discours et déclarations : ces documents me seront très utiles pour encadrer les diverses actions que je conduis dans le cadre de mes responsabilités. Sois assuré, Monsieur le ministre et cher Dominique, de mes sentiments de très fidèle dévouement. Philippe Rondot[1]. » Cette lettre, révélée par *Le Monde*,

1. *Le Monde*, 23 mai 2006.

confirme que la réunion du vendredi précédent a bien eu lieu en toute connaissance de Jacques Chirac, sinon sur ses instructions.

Un événement significatif va survenir deux mois plus tard. Le 25 mars 2004, Imad Lahoud est interpellé et placé en garde à vue dans une affaire d'escroquerie, l'une des cinq pour lesquelles il est poursuivi. Lors de la fouille, le policier trouve dans l'une de ses poches une lettre sur papier à en-tête EADS, datée du 24 février précédent, adressée au directeur du centre de recherche du groupe et signée de Jean-Louis Gergorin, dans laquelle le vice-président le couvre, au nom du général Rondot, pour une « mission » qui lui est confiée[1]. Le policier, intrigué, appelle donc Rondot, qui s'étonne, dit qu'il va se renseigner. Il raccroche et rappelle aussitôt Gergorin. « Il était confus et s'est excusé », affirmera le général aux juges. Un peu plus tard, Dominique de Villepin appelle directement Philippe Rondot :

– Philippe, il faut que tu sortes Lahoud de là. C'est important. Il faut absolument le libérer !

– Bon, je rappelle le policier.

Furieux et interloqué, Rondot, selon lui, ne se dépê-

1. La lettre est titrée : « Mission du ministère de la Défense ». En voici les termes exacts : « J'ai l'honneur de vous informer que dans le cadre d'une mission qui m'a été confiée par le général Philippe Rondot, conseiller du ministre de la Défense pour le renseignement et les opérations spéciales, je fais appel à l'expertise de M. Imad Lahoud, consultant de "Stratégie" qui, à ma demande, travaille dans les locaux du CRC-Suresnes [...]. En cas d'impossibilité, prévenir immédiatement le général Rondot qui est joignable 24 heures sur 24 par l'officier de permanence au cabinet du ministre de la Défense, en spécifiant à celui-ci que vous voulez joindre le général Rondot à ma demande. » Signé : « Jean-Louis Gergorin ».

che pas. Et, une demi-heure plus tard, c'est le policier qui le rappelle, pour l'informer que la libération de Lahoud vient d'intervenir. Devant l'insistance des juges, Rondot persistera dans ses accusations : « Je vous confirme que Dominique de Villepin m'a demandé de faire libérer Lahoud, ainsi que je l'ai relaté dans une note adressée au directeur de cabinet du ministère de la Défense, en date du 29 mars 2004 – note que vous avez saisie à mon domicile. Cette démarche peut paraître surprenante de la part d'un ministre, mais elle s'explique parce que Dominique de Villepin suivait l'évolution de cette affaire Clearstream et Lahoud était au piano, si je peux dire. M. de Villepin craignait peut-être qu'Imad Lahoud parle de cette affaire. » Le ministre, plus tard, démentira toute intervention de sa part. C'est parole contre parole. Mais celle du général est plus précise et plus argumentée que la sienne, outragée et incantatoire. Car Rondot peut s'appuyer sur un élément tangible : quatre jours après cette étonnante intervention, le lundi 29 mars, il prendra la précaution de se couvrir auprès de sa hiérarchie. Il écrit à Philippe Marland : « J'ai la conviction que Jean-Louis Gergorin a cherché à m'instrumentaliser à travers mes fonctions, pour les besoins d'opérations internes à EADS en les "couvrant" au titre de la lutte antiterroriste. Cette manière de faire est inadmissible. » Le 2 avril, il décide d'arrêter les frais. Trop dangereux. Il prévient Villepin et Marland : « Dans cette affaire, il n'y a rien. »

Le général s'est enfin montré perspicace. La fausse lettre de couverture de Lahoud signée Gergorin et l'intervention de Villepin pour faire libérer l'informaticien lui ont ouvert les yeux. Ses anciens collègues du centre d'analyse et de prévision jouent-ils carte sur table ? Et si tout ceci n'était qu'une manipulation dont il est le jouet ? Il se souvient d'avoir menti en écrivant à la ministre de la Défense qu'il n'avait jamais eu connaissance qu'il y avait dans les listings des noms d'hommes politiques. Il l'a fait, expliquera-t-il aux juges, pour « nous mettre à l'abri et protéger mon ministre et moi-même de l'accusation d'avoir participé à une opération douteuse au détriment de M. Sarkozy ». Mais ce mensonge risque de le rattraper. Il a prévenu à plusieurs reprises Dominique de Villepin, Jean-Louis Gergorin et Philippe Marland de ses doutes, mais ceux-ci – surtout Gergorin – l'ont poussé à persévérer.

Ces questions, Philippe Rondot se les pose d'autant plus facilement que, le 2 avril, la majorité subit un échec cuisant aux élections régionales. Toutes les régions, sauf l'Alsace, sont désormais gérées par la gauche. Le remaniement ministériel est inévitable. Qui va prendre Matignon ? Personne : Jean-Pierre Raffarin constitue son troisième gouvernement. Nicolas Sarkozy passe du ministère de l'Intérieur à celui de l'Économie et des Finances, tandis que Dominique de Villepin quitte le Quai d'Orsay pour devenir ministre de l'Intérieur. Chirac pense avoir verrouillé son dispositif. Il se trompe.

Dès son arrivée place Beauvau, le nouveau ministre de l'Intérieur va recevoir une nouvelle lettre[1], datée du 5 avril, de Philippe Rondot, qui ne reprend pas ses mises en garde du 12 janvier précédent. C'est une offre de services, non exempte de flatterie : « Mon-

1. Lettre publiée dans *Le Monde*, 23 mai 2006.

sieur le ministre et cher Dominique, Je ne sais si l'on doit vraiment se réjouir de te voir quitter les Affaires étrangères pour l'Intérieur ! [...] J'espère que ton combat n'aura pas été vain. En tant que ministre des Affaires étrangères, tu auras été [...] celui qui aura guidé mes actions. Tu sais pouvoir compter sur ma disponibilité, entière et discrète, dans les charges qui sont désormais les tiennes, s'agissant notamment de la lutte antiterroriste, qui reste l'un de mes domaines d'intérêt. Dans ce cadre, j'entretiens des relations opérationnelles utiles avec la DST. Quand tu veux pour te rencontrer lorsque tu auras un moment. Avec mes très fidèles amitiés. Philippe Rondot. » Le lendemain, alors que le nouveau ministre de l'Intérieur n'est pas encore dans ses meubles, il organise une petite cérémonie en l'honneur de Jean-Louis Gergorin, pour lui remettre sa promotion dans l'ordre national du Mérite. Seuls les intimes sont présents. Parmi ceux-ci, entre autres, il y a Pierre de Bousquet de Florian, le patron de la DST, et Marwan Lahoud. Mais pas Imad.

Michèle Alliot-Marie, qui rêvait de Matignon, est restée à son poste. Rondot s'étonne, pendant ce temps, de ne pas recevoir de réponses à ses mises en garde sur la véracité des listings Clearstream. Aussi, le 21 avril, il se décide à écrire une note à l'intention de sa ministre remise à son directeur de cabinet, que celui-ci lui transmettra trois jours plus tard : « Madame la ministre, j'ai demandé au général Rondot de vous faire part de cette note, malgré l'embarras dans lequel l'ont mis les instructions du président de la République de ne se référer qu'à lui-même dans cette ténébreuse affaire. Il me semble nécessaire que vous le receviez personnellement pour qu'il précise l'état de ses recherches. Il ressort de ce qu'il m'en a dit que l'affaire est de toute façon inquiétante, soit que les faits soient avérés, soit que, ne l'étant pas, ils traduisent une opération de manipulation et d'intoxication visant le plus haut niveau de l'État. »

Villepin est déçu par l'inertie, puis les réticences de plus en plus clairement affirmées de Rondot. Il n'arrive pas à se faire à l'idée que Sarkozy puisse passer à travers les gouttes. Il est maintenant à la tête du ministère de l'Intérieur, qui contrôle la DST, tandis que Michèle Alliot-Marie est restée à la Défense, qui a la haute main sur la DGSE. Chiraquienne et antisarkozyste à mort, comme lui. Villepin garde l'espoir de trouver quelque chose. Il veut jeter le discrédit sur son rival. Il va donc persévérer et demander une nouvelle enquête sur les listings de Clearstream avec une attention particulière sur la possible implication de Nicolas Sarkozy. Mais il n'est plus question de passer par Philippe Rondot, en dépit de ses offres de service.

Le 5 juillet, sur l'aéroport de Villacoublay, en partance pour un sommet du G5, Dominique de Villepin demande directement à Pierre de Bousquet de Florian, le directeur de la DST, de lancer une enquête sur les listes Clearstream, sans lui indiquer son implication personnelle ni l'existence – a fortiori pas le résultat négatif – des investigations de Rondot. Mais Bousquet de Florian n'est pas naïf. Il sait à quoi s'en tenir. Mauvaise pioche : enquêter sur un ministre à la demande d'un autre ministre ? C'est tout ce que détestent les responsables des services spéciaux. Dans ce genre d'histoire, il n'y a que des coups à prendre. En particulier lorsque la cible s'appelle Sarkozy, futur présidentiable, qui vient de quitter la grande maison où il a gardé beaucoup d'amis et de nombreux contacts. Énarque de cinquante et un ans, conseiller technique à l'Élysée de 1995 à 1998, patron de la DST depuis septembre 2002, Pierre de Bousquet a été nommé après accord sur son nom de Sarkozy et de Chirac. Je l'avais repéré chez Elf, du temps de Loïk Le Floch et d'Alfred Sirven, où il avait un titre de chargé de mission auprès de Jean-Pierre Labro, à la direction de la communication. C'était évidemment une couverture pour son métier d'agent secret. Il avait été mis là pour surveiller ce qui se tramait sur toutes les « affaires » liées à la compagnie pétrolière. En particulier sur Edmond Kwan, l'intermédiaire que Sirven avait prêté à Thomson pour l'aider à vendre ses frégates[1]. Bousquet de Florian va agir comme toute personne enfermée dans des intérêts contradictoires : il va traîner les pieds. Et sans doute se couvrir auprès de son ancien – et futur – ministre. D'enquête sur Sarkozy, il n'y en aura pas. Il fera juste semblant.

C'est en raison de ce que Jean-Louis Gergorin appelle sa « troisième erreur » que l'affaire Clearstream va exploser. Hanté par son sujet, désappointé par la faible implication de Rondot et son niveau de compétence fort décevant, le vice-président d'EADS décide de saisir la justice, qui dispose de vrais moyens d'investigation lorsqu'elle se mobilise. C'est une folie mais il ne le sait pas encore. Comme toujours avec Gergorin, rien n'est jamais simple. Aussi ne va-t-il pas voir un procureur pour lui présenter ses soupçons et porter plainte contre X. Il décide de rencontrer le juge Van Ruymbeke. En secret. Pour orienter la justice

1. Voir Valérie Lecasble et Airy Routier, *Forages en eaux profondes, les secrets de l'affaire Elf*, *op. cit.*

sur la piste qu'il lui désigne, mais sans apparaître. En clair, pour le manipuler. A-t-il eu cette idée seul, ou bien lui a-t-elle été suggérée par Dominique de Villepin ? En tout cas, celui qui est à l'origine de cette démarche sait que les listings sont trafiqués. Sinon, il aurait utilisé la procédure normale, via le garde des Sceaux et le procureur de la République.

Début avril, Gergorin prend rendez-vous avec Thibault de Montbrial, un jeune avocat parisien qu'il tutoie. Il l'a connu tout petit. Thibault est le fils de Thierry de Montbrial, l'ancien directeur du centre d'analyse et de prévision du Quai d'Orsay qui l'avait choisi comme successeur. Les deux familles sont amies et Gergorin a fait entrer Thibault dans le pool des avocats du groupe d'aéronautique. Et c'est par son intermédiaire que la femme du capitaine Yin l'a pris pour avocat en France. C'est la veuve du capitaine de la marine taïwanaise, assassiné en raison de ses découvertes sur les dessous-de-table de la vente des frégates. Une façon commode de ne pas être étranger à l'évolution de l'enquête.

Mais cette fois, c'est Gergorin qui dit détenir « des informations explosives et dangereuses ». Il s'adresse au jeune avocat, sur lequel il exerce une réelle emprise :

– Thibault, il faut que je puisse rencontrer le juge Renaud Van Ruymbeke. J'ai tout ce qu'il faut pour débloquer son dossier, sur lequel il peine depuis des années. Et comme il est saisi du dossier des frégates, il a d'ores et déjà tous les moyens d'investigation nécessaires.

– Ce n'est pas difficile, Jean-Louis. Il suffit de prendre rendez-vous avec lui. Je peux m'en occuper tout de suite. Il ne nous fera pas attendre.

– Non, tu n'as pas compris. Il ne faut pas que j'apparaisse dans la procédure. Sous aucun prétexte. Il y va de ma vie. La confidentialité doit être absolue.

– L'important est que tu lui communiques tes documents. Je pense qu'on va pouvoir s'arranger. Van Ruymbeke est un type bien, avec qui on peut passer des deals. Il respecte sa parole.

Thibault de Montbrial appelle aussitôt Renaud Van Ruymbeke. Rendez-vous est pris. Dans le cabinet du juge, l'avocat lui explique que le « vice-président du groupe EADS » dispose de la liste des bénéficiaires occultes de la vente des frégates, avec leurs numéros de comptes, ainsi que d'informations précises sur la façon dont l'argent a circulé. Van Ruymbeke est interloqué. Ce moment, il l'espérait depuis des années, alors que toutes les portes se fermaient devant lui. Il est impressionné par la qualité de la source. Il ne sait pas qu'EADS compte une bonne douzaine de vice-présidents. Il demande :

– À votre avis, il est fiable ?

– Je pense, oui.

– Dans ces conditions, j'accepte de le rencontrer, mais sans aucun engagement de ma part.

Par l'intermédiaire de Thibault de Montbrial, une négociation s'engage pour fixer la date et le lieu. Ce sera le vendredi 30 avril 2004, dans le cabinet de l'avocat, près du parc Monceau, en fin d'après-midi, lorsque tous les collaborateurs du cabinet seront partis en week-end. Gergorin a refusé de se rendre au pôle financier et même de rencontrer le juge dans un café ou un lieu public, comme celui-ci le lui proposait.

Le juge a renoncé à rejoindre Rennes où habitent sa femme et ses enfants, comme il le fait toutes les semaines, le vendredi après-midi. À l'heure dite, Van

Ruymbeke arrive dans le bureau de l'avocat, suivi peu après par Gergorin, accompagné de deux gardes du corps, avec des airs d'oiseau traqué. À la grande surprise de Thibault de Montbrial, qui ne l'avait jamais vu dans cet état, Gergorin vérifie l'absence de tout magnétophone autour de la petite table ronde où les trois hommes se sont installés, et même sur le bureau de l'avocat, à quelques mètres de là. La conversation durera cinq heures, jusqu'à près de minuit. Gergorin déverse un flot de paroles que le juge, débordé, lui fera souvent répéter. L'homme d'EADS affirme qu'il a découvert une partie des rétrocommissions sur le marché des frégates et cite ses ennemis habituels comme les principaux bénéficiaires. Explique que les flux principaux les concernant montrent aussi leur rôle d'intermédiaires et de répartiteurs, via Clearstream. Ce soir-là, Gergorin passe rapidement sur les mafieux russes et colombiens et ne fait même qu'évoquer les hommes politiques en cause, sans citer Sarkozy. Sachant parfaitement que le juge n'est saisi que de l'affaire des frégates et que celle-ci l'obsède, il cible précisément son propos en fonction de l'intérêt de son interlocuteur. Il ne parle pas non plus de l'enquête du général Rondot. En revanche, lorsqu'il montre les listings au juge, il lui explique qu'ils lui ont été fournis par « les services officiels français ».

Van Ruymbeke est convaincu : c'est du gros. Dans son univers mental, un vice-président d'EADS ne peut pas être un farfelu. La voilà enfin la clé qu'il cherchait, en vain, depuis si longtemps. Une autre discussion s'engage :

– Pour que je puisse pousser mes investigations, envoyer des commissions rogatoires au Luxembourg, en Suisse, en Italie et ailleurs, vous devez me transmettre ces documents officiellement et réitérer vos déclarations en tant que témoin.

– C'est impossible. Si j'apparais dans la procédure, je suis mort. Ce n'est pas une formule en l'air. Même Thibault ne peut pas apparaître.

– Dans ce cas, il y a une solution, permise par une modification récente du code de procédure. Je peux vous entendre sous le statut de témoin anonyme. Votre témoignage est enregistré, mais votre identité est tenue secrète et ne figure pas dans le dossier. Il suffit d'obtenir l'accord du juge des libertés.

– Non. Je ne peux pas prendre ce risque. C'est trop dangereux.

Van Ruymbeke insiste, mais Gergorin ne veut rien savoir. Il tremble, a l'air traqué. Pour ce juge, qui s'y connaît pour avoir vu défiler des centaines de clients en situation de stress, la peur de Gergorin n'est pas feinte.

– Dans ce cas, il n'y a pas trente-six solutions. Vous ne pouvez pas témoigner. Mais je peux enregistrer vos documents de façon anonyme. Et les exploiter.

– Comment ?

– Il suffit que je les reçoive à mon cabinet.

– Mais vous en connaîtrez l'origine !

– Non, c'est déconnecté. Notre réunion de ce soir restera secrète. Je vous donne ma parole que jamais je ne citerai votre nom.

Van Ruymbeke affirmera qu'il n'a pas été si précis et qu'il a simplement dit à ses interlocuteurs : « débrouillez-vous ».

En tout cas, dès le lundi matin, Thibault de Montbrial se rend dans le bureau du juge et lui remet en main propre une lettre, en lui indiquant qu'elle sera suivie d'autres livraisons. « Je vous écris pour vous informer de l'existence d'un groupe mafieux, a écrit Gergorin : il s'agit d'un système de blanchiment parfait [...] d'une extraordinaire efficacité technique [...] qui permet d'effectuer toute opération financière à partir de tout terminal, y compris portable, dans toute zone connectée au réseau Internet. » Sont cités, notamment, Philipe Delmas, « régisseur du système financier », ainsi qu'Alain Gomez ou l'oligarque Mikhaïl Khodorkovski et quelques autres. La lettre contient les références de leurs comptes et décrit les flux financiers qui vont des uns aux autres, avec Gomez et Delmas en position centrale, avant de finir dans deux fonds off-shore américains. Van Ruymbeke tamponne aussitôt ce document et l'introduit, à la date du 3 mai, dans le dossier.

Curieusement, le juge n'a pas fait le rapprochement entre les comptes chez Clearstream que Gergorin lui a transmis et l'enquête fleuve, sur Clearstream, du journaliste Denis Robert, qui est devenu son ami, et avec qui il est en relations constantes. Ils poursuivent le même objectif d'éradiquer la corruption des puissants, depuis qu'ils ont traqué de concert le ministre Gérard Longuet, acculé à la démission du gouvernement Balladur, en octobre 1994, alors que les multiples malversations qui lui avaient été imputées se termineront par des non-lieux ou des relaxes. Ils avaient ensemble, en 1996, lancé l'appel de Genève, destiné à combattre le blanchiment d'argent et la corruption qui « prospère sans vergogne » au sein de l'Union européenne. La même année, le juge s'était longuement confié à Denis Robert dans un entretien publié dans un livre au titre évocateur : *La Justice ou le chaos*[1]. Dès lors, on imagine mal que celui-ci n'ait pas

1. Denis Robert, *La Justice ou le chaos*, Stock, 1996.

confié ses listings à son ami le juge, alors qu'il les donne à tout le monde, y compris aux inconnus de passage, comme Imad Lahoud. Dans ce cas, le juge n'aurait pas manqué de voir qu'il s'agissait de la même liste, avec des noms rajoutés sur la seconde, celle que détenait Gergorin.

Dès le lendemain de la remise de sa première « lettre anonyme », Jean-Louis Gergorin se rend dans le bureau mansardé de Rondot, rue Saint-Dominique, sous les toits de l'hôtel de Brienne. Pas question d'utiliser le téléphone. Il est venu dire à l'officier supérieur qu'il a transmis les listings à Renaud Van Ruymbeke et que celui-ci lui a garanti l'anonymat. Connaissant le général, prompt à se couvrir et à faire remonter les informations qu'il détient à sa double hiérarchie, officielle et parallèle, on peut être sûr que Philippe Marland, Michèle Alliot-Marie, Dominique de Villepin et Jacques Chirac sont immédiatement mis au courant, s'ils ne l'étaient déjà. Tous savent, de plus, que le général Rondot s'apprête à conclure à une manipulation. Tous savent que Gergorin est le corbeau qui a saisi la justice. Gergorin dont chacun connaît le caractère particulier, ses idées fixes, sa fragilité, son séjour en maison de repos. Mais personne ne contacte le juge. Personne ne baisse le pouce pour arrêter la machine infernale. Tous ont choisi de laisser courir la rumeur, s'ils ne l'ont suscitée. Tous avaient de bonnes – ou plutôt de mauvaises – raisons pour la faire prospérer, lui voir prendre ampleur et consistance dans la presse.

Gergorin reverra Van Ruymbeke à plusieurs reprises – tous deux le confirment – pour lui expliquer en détail les flux financiers qu'il dit avoir identifiés. Un mois et demi après la première lettre « anonyme », le juge en recevra d'autres, elles aussi adressées par Jean-Louis Gergorin – qui admettra finalement devant les juges en avoir envoyé cinq ! La seconde est reçue le 14 juin. Il s'agit, cette fois, sous forme de listing et de cédérom, de la liste de 895 comptes, dont 57 portent le nom de leurs détenteurs en toutes lettres. Parmi eux, ceux de Stéphane Bocsa et de Paul de Nagy. La lettre est intitulée « Le bal des crapules » et utilise un langage dénonciateur et vulgaire, en décalage avec les manières de cet ancien du Quai d'Orsay qu'est Gergorin. Mais peut-être celui-ci, ayant pris goût aux lettres anonymes, a-t-il forcé sa nature pour entrer dans la peau d'un corbeau ?

À partir de ce moment, l'existence de listes mettant en cause des industriels et des politiques va sourdre dans différents journaux. D'abord de manière allusive, avant de s'afficher à la une du *Point*, le 8 juillet 2004. Cet article, suscité simultanément par plusieurs informateurs, suggérant ainsi fortement la tentative de manipulation concertée, a l'effet d'un coup de pied dans la fourmilière. Manifestement, Rondot est dans ce coup-là. Au lendemain de sa publication, le général résume dans une de ses petites fiches la conversation qu'il a eue le jour même avec Dominique de Villepin. Il souligne « le risque que le président soit atteint ». Il cite Villepin : « Si nous apparaissons, le président et moi, nous sautons. » Il ajoute, pour lui-même : « Mahdi [Lahoud] sait beaucoup de choses de Jean-Louis Gergorin avec implication de Dominique de Villepin et du juge Van Ruymbeke ? Protéger Dominique de Villepin et président. » Tous deux, bien entendu, démentiront en bloc.

Si les services secrets français sont peu efficaces, ils ont au moins un avantage : ils se taisent, sauf exception. Tandis qu'avec la justice, on n'est jamais sûr de rien. Ou plutôt, on est sûr, dès qu'une affaire est sensible, qu'elle concerne des hommes politiques, des patrons ou des people, de lire tout ce qui se dit dans le cabinet d'un juge d'instruction dans les journaux du lendemain, du surlendemain ou au pire de la semaine suivante. Et c'est bien le but machiavélique poursuivi par celui ou ceux qui ont poussé Gergorin à aller voir le juge pour lui confier, sous le sceau du secret, les listings trafiqués. En particulier la deuxième livraison, où figurent les noms de Stéphane Bocsa et Paul de Nagy.

Mais sans doute les manipulateurs espéraient-ils plus. Renaud Van Ruymbeke a été parfaitement ciblé : un juge pugnace, accrocheur, crédible, entretenant de bons contacts avec la presse, mais en même temps tellement obsédé par son dossier des frégates, tellement frustré, qu'on pouvait s'attendre à ce qu'il pète les plombs, fasse perquisitionner, interroge, place en garde à vue puis mette en examen les plus emblématiques des Français nommés dans la liste, à commencer par Nicolas Sarkozy lui-même. Imagine-t-on ce qui se serait passé dans ce cas de figure ? Tout en clamant son innocence, Sarkozy aurait dû démissionner du ministère des Finances (comme Dominique Strauss-Kahn avant lui) et n'aurait plus eu la moindre chance de conquérir l'UMP. Chirac et Villepin auraient gagné la partie qui se jouait alors. Certes, quelques mois ou quelques années plus tard, l'inanité des accusations portées contre leur adversaire aurait été découverte. Mais il en serait toujours resté quelque chose et, de toute façon, la réhabilitation de Sarkozy serait intervenue trop tard. Comme dans le cas de Strauss-Kahn ou surtout de Gérard Longuet, sorti du jeu, déchu de la plupart de ses mandats, et qui a mis douze ans à revenir en politique.

Un juge comme Éric Halphen – celui qui avait envoyé au chef de l'État une convocation adressée à « Chirac, Jacques » dans le cadre de l'affaire des offices HLM de Paris et des Hauts-de-Seine – serait-il tombé dans le piège, comme il est tombé dans tous ceux qui lui ont été tendus ? C'est bien probable.

Heureusement pour Sarkozy et pour la justice, le maître a été plus prudent que son élève. D'emblée, il a jeté son dévolu sur un personnage de second rang et donne ordre aux gendarmes maritimes de l'interpeller, en toute discrétion, à l'aéroport de Blagnac et non au cours de la cérémonie d'inauguration où a été réunie la fine fleur de l'establishment politique et industriel. Philippe Delmas voyagera avec eux, dans le vol prévu, sans entraves. Un passager comme un autre. On a vu que la perquisition ainsi que l'analyse de ses ordinateurs n'ont rien donné. De surcroît, l'attitude du numéro 2 d'Airbus laisse songeur le juge. Les gendarmes lui ont rapporté que, tout de suite, Philippe Delmas avait pris les choses avec philosophie, en leur expliquant : « Ne vous emballez pas, c'est un coup de Gergorin. » Or Renaud Van Ruymbeke est bien placé pour savoir que c'est vrai. Donc, ou bien Delmas a les nerfs solides, ou bien il se sait parfaitement innocent : il a dormi comme un loir pendant la nuit de sa garde à vue. Cette attitude conduit Renaud Van Ruymbeke à le faire relâcher dans l'après-midi, sans lui signifier de mise en examen. Il ne dit rien à personne. C'est par une indiscrétion du *Point*, décidément choisi comme cible par ceux qui tirent les ficelles, que l'affaire sera rendue publique. Tout porte à croire que le juge, en l'occurrence, n'en est pas l'origine. Il a décidé de n'interpeller personne d'autre : il va travailler sur pièces.

Dès qu'il reçoit le premier courrier anonyme, il adresse une commission rogatoire aux autorités judiciaires luxembourgeoises pour vérifier si les numéros de comptes des personnalités dénoncées sont exacts. La réponse lui revient rapidement : ces numéros de comptes existent bien mais les noms ne correspondent pas. À qui appartiennent-ils ? Les juges luxembourgeois lui répondent qu'il lui faut demander l'identité des véritables détenteurs aux banques concernées. Dès qu'il reçoit le listing complet, le 14 juin, il interroge la BNP à propos de plusieurs comptes ouverts par la banque chez Clearstream. Après une semaine de recherche dans les archives, son correspondant lui confirme que les comptes ont bien existé, que les numéros sont exacts, ainsi que les dates d'ouverture et de fermeture, mais que les noms associés, là encore, ne correspondent pas. Ils semblent avoir été ajoutés. Le juge se pose des questions.

Il va s'en poser d'autres lorsque les policiers, qui épluchent pour lui les 57 noms qui figurent sur la liste, lui annoncent, tout excités, que Stéphane Bocsa et Paul de Nagy correspondent à l'identité réelle de Nicolas Sarkozy. Le juge attend le 13 août pour envoyer à la justice italienne une commission rogatoire dans laquelle il rappelle les faits pour lesquels il est saisi – l'identification de rétrocommissions massives susceptibles d'avoir été touchées par des Français dans le cadre de la vente des frégates à Taïwan. Une douzaine de comptes doivent être vérifiés. Parmi ceux-ci, les deux comptes attribués à Sarkozy[1].

Celui ou ceux qui ont manipulé Gergorin, marionnette consentante, lorsqu'ils l'ont envoyé voir en secret le juge, croyaient bien connaître son caractère et ses méthodes de travail, mais ils l'ont sous-estimé. Ils savaient que le magistrat ne résisterait pas à la tentation de recueillir les informations de Gergorin. Mais ils espéraient un barouf du diable, qui aurait été ravageur et sans doute mortel pour leur cible. Leur manipulation de la justice n'a pas été loin de réussir. Renaud Van Ruymbeke en tremble rétrospectivement.

Qui a tenté ce coup de billard à trois bandes ? Très vraisemblablement Dominique de Villepin lui-même, peut-être avec l'aval de Jacques Chirac. Pour une raison simple : si le ministre des Affaires étrangères avait cru un instant à l'authenticité des listes trafiquées, sa démarche naturelle aurait dû être d'en avertir immédiatement Jean-Pierre Raffarin, Premier ministre, son supérieur hiérarchique, à charge pour celui-ci de transmettre le dossier au garde des Sceaux, qui lui-même aurait saisi le procureur de la République. Des fuites auraient forcément eu lieu. Et la bombe serait arrivée très officiellement sur le bureau de Van Ruym-

1. À plusieurs reprises, en particulier devant un parterre d'hommes d'affaires, d'ambassadeurs et de politiques, lors d'un dîner organisé par *La Revue des Deux Mondes*, le 15 mai 2006, Nicolas Sarkozy fustigera les termes, il est vrai peu amènes, employés par le juge dans la commission rogatoire où figure son nom. Pour le juge, il s'agissait d'une formulation obligatoire, car une commission rogatoire internationale n'est prise en compte que si elle fait état de soupçons précis.

beke. Une autre voie, secrète, a été choisie. Conclusion : en avril 2004, si ce n'est bien plus tôt, Dominique de Villepin savait que le dossier était trafiqué. Il l'a néanmoins fait prospérer, de la façon la plus torve qui soit.

Car, pour lui, l'objectif demeure : empêcher à tout prix Sarkozy de prendre le contrôle de l'UMP pour en faire une machine de guerre contre l'Élysée. Or, le congrès est prévu pour novembre 2004, dans environ six mois. S'il gagne, il aura un tremplin idéal pour imposer sa candidature à l'élection présidentielle. La presse va donc être appelée à la rescousse pour gagner la bataille au couteau, sordide et sans merci, engagé par le président et son bras armé contre l'homme politique de droite préféré des Français. Il s'agit de le discréditer aux yeux de l'opinion et des militants de l'UMP, ne serait-ce que provisoirement. Il s'agit aussi d'aiguillonner le juge Van Ruymbeke, dont la réaction, trop prudente, a surpris et déçu : avec une bonne campagne de presse, il finira bien par mettre en examen le rival trop ambitieux. Pour atteindre cet objectif, les comploteurs n'hésiteront pas à prendre tous les risques, en participant à cette incroyable manipulation, y compris, en lui faisant parvenir des listes qu'ils savaient trafiquées, celui de discréditer un journal comme *Le Point*.

Chapitre 10

Sarkozy déjoue le complot

Personne ne pouvait imaginer que la cible resterait longtemps ignorante du complot dont elle est l'objet. Ni qu'elle se laisserait diffamer sans réagir. Dans un premier temps, Sarkozy fera savoir que c'est en lisant l'article du *Point*, le 8 juillet 2004, qu'il a appris l'existence de l'affaire Clearstream. C'est sans doute inexact. Ne serait-ce que parce que l'article du *Figaro*, paru quinze jours plus tôt, était de nature à retenir son attention, puisqu'on y évoquait déjà, sur les listes en possession du juge, « trois hommes politiques de premier plan – deux de gauche, un de droite – ainsi qu'un proche parent d'un ancien ministre » accusés d'avoir bénéficié de comptes douteux. Surtout, entendu le 9 mai 2006, en tant que partie civile, par les juges, il leur dira qu'il a été informé, « début juillet », par le directeur de la DST, Pierre de Bousquet de Florian, que « son nom était cité » sur les listes Clearstream, dans le fameux article que s'apprêtait à publier *Le Point*. Dans le cabinet des juges, Sarkozy a aussi reconnu avoir été informé « à la même époque » par Dominique Perben, garde des Sceaux. Peut-être a-t-il omis de dire qu'il pouvait avoir accès aux informations sensibles, dans la mesure où Thierry Herzog, son avocat personnel, est en même temps conseil de Thales (ex-Thomson), partie civile dans le dossier des frégates, et donc informé des différents aspects de l'affaire. Mais, finalement, qu'importe ? Toutes les informations lui parviennent à la même époque, de la mi-mai aux premiers jours de juillet 2004. De ce qui s'est passé avant, il ne sait rien. Toutes les précautions ont été prises, comme en témoignent plusieurs notes personnelles du général Rondot.

À quelle date Nicolas Sarkozy apprend-il justement l'existence de l'enquête du général Rondot et comprend-il qu'il est l'objet d'une vaste manipulation, sur la base de documents falsifiés ? Stéphane Denis, un journaliste du *Figaro* qui se trouve être un cousin éloigné du général et son voisin dans la Nièvre, où se trouvent leurs deux maisons de campagne, affirmera lui avoir téléphoné, en août, à la fois pour l'informer de l'enquête qui le vise et du fait qu'in fine elle l'innocente. Le journaliste affirme avoir cité le général Rondot et proposé à Sarkozy de le rencontrer. En 2006, le ministre de l'Intérieur répondra qu'il n'a aucun souvenir d'un tel coup de fil. Je crois plus volontiers la version de Stéphane Denis : sans doute le pauvre Rondot, en proposant de tout raconter à Sarkozy, au moment où l'affaire devenait pratiquement publique (son nom sera écrit pour la première fois dans *Le Parisien,* le 2 septembre 2004), espère-t-il se faire pardonner d'avoir travaillé contre lui, en secret, pendant un an et demi.

En décalant dans le temps le moment où il a su qu'il était blanchi, Sarkozy a peut-être tenté de masquer que, pendant plusieurs mois, il a douté. Non pas de lui-même – il sait évidemment qu'il ne détient aucun compte à la Banca Popolare di Sandrio – mais de son propre père, né Pál Sárközy y Nagy-Bócsay, dont le nom a été francisé en 1948 en Paul Sarközy de Nagy-Bocsa. Un père avec lequel il n'a plus aucun contact depuis qu'en 1959 il l'a abandonné, avec sa mère et ses deux frères Guillaume et François, alors qu'il avait quatre ans. Un père dont il ne parle jamais. Tout juste sait-on qu'adolescent, avec leur mère, ils avaient été le voir « pour lui tordre le bras, afin qu'il honore ses obligations alimentaires ». Un père qui convolera encore trois fois et qui, du second de ses mariages, aura deux autres enfants : Caroline et Olivier. Un père, enfin, dont on dit qu'il est devenu un brasseur d'affaires peu claires, résidant à l'étranger. Un instable. Jusqu'au jour où il a appris que les patronymes Stéphane Bocsa et Paul de Nagy avaient été grossièrement ajoutés sur les listings Clearstream, Nicolas Sarkozy a craint qu'ils n'appartiennent à son père, Paul. Un père dont Nicolas n'est évidemment pas responsable, mais dont il n'a aucune envie que son nom, son existence et son profil sulfureux soient jetés sur la place publique. Ceux qui ont ajouté les noms de Bocsa et de Nagy sur la liste connaissaient-ils cette faille intime de leur ennemi ? Ont-ils, par machiavélisme, utilisé ce leurre pour le déstabiliser un peu plus, pour embrouiller l'écheveau et faire durer plus longtemps la mystification ? On peut le craindre. Le coup n'en est que plus sordide.

C'est lorsqu'il apprendra, grâce aux nombreux contacts qu'il a gardés dans la police et les services – et peut-être de la bouche de Pierre de Bousquet de Florian lui-même – que son remplaçant au ministère de l'Intérieur a demandé à la DST une nouvelle enquête sur les listes Clearstream, en réalité sur sa personne, qu'il décide de crever l'abcès. La coupe est pleine. Il lui faut prendre de vitesse ses ennemis. Le président de l'UMP exige un rendez-vous avec le nouveau ministre de l'Intérieur, en présence du directeur de la DST. Celui-ci a lieu le vendredi 15 octobre 2004 dans le bureau de Villepin, place Beauvau. Sarkozy est en colère et ne le dissimule pas :

– Vous montez un coup contre moi, Dominique, mais n'ayez crainte, je ne me laisserai pas faire.

– Calmez-vous, Nicolas, personne ne monte de coup contre vous, soyez-en sûr.

Sarkozy, qui a pourtant le tutoiement facile, vouvoie son rival. Il se tourne vers Bousquet de Florian :

– Vous avez donc piloté une enquête sur mon compte, sur instruction de Monsieur le ministre. Vous appliquez les ordres, même lorsqu'ils sont iniques ?

Le directeur de la DST, le nez dans ses chaussures, répond :

– Il n'y a pas et il n'y a jamais eu d'enquête de la DST contre vous, Monsieur le ministre. Nous avons simplement été chargés, par votre successeur, de l'éclairer sur la consistance des accusations portées dans les listes qui ont circulé et sur l'authenticité de celles-ci. Et nos conclusions sont claires : les noms ont été ajoutés de façon grossière. La plupart des personnalités citées n'ont jamais eu de compte chez Clearstream. Ce qui est en particulier le cas des quatre personnalités politiques citées, à commencer par vous-même.

Le ministre de l'Intérieur vient au secours de son subordonné.

– Je puis vous assurer, Nicolas, que je n'ai pas demandé à la DST d'enquête sérieuse sur cette histoire, a fortiori sur vous-même. En arrivant au ministère, j'ai souhaité disposer d'éléments concrets sur cette histoire de liste, réelle ou trafiquée. Mais rien n'a jamais été monté ni dirigé contre vous.

Villepin argumente, tente de calmer le jeu. Il n'évoque évidemment pas l'enquête de Rondot, ni son implication personnelle, ni les consignes strictes qu'il a données, depuis le début, pour que son interlocuteur soit tenu dans l'ignorance de ce qui se tramait contre lui.

– Je sais parfaitement qu'il s'agit d'un rapport, répond Sarkozy, même s'il est sommaire. Je sais aussi que celui-ci me disculpe complètement des accusations indignes qui sont portées contre moi. Je veux voir ce rapport.

Bousquet de Florian ouvre alors le mince dossier qu'il a apporté et lui montre les éléments qu'il a en sa possession : il y a là des coupures de presse, des notes manuscrites relevées à partir d'écoutes administratives et d'entretiens, ainsi qu'une courte synthèse. Celle-ci suggère que le corbeau est Jean-Louis Gergorin, qu'il a établi lui-même la liste des noms et les a fait inscrire par Imad Lahoud. Et affirme que les personnalités citées ont été accusées à tort. Sarkozy joue l'étonné, en s'adressant à son successeur place Beauvau :

– Et pourquoi ce Gergorin, que je ne connais pas, m'aurait-il inscrit sur cette liste, alors que je n'ai jamais eu à connaître de l'affaire des frégates, que je suis un ami de Lagardère et que je n'ai jamais pris position dans les conflits externes et internes du groupe ?

– Je n'en sais rien, répond Villepin. C'est un mystère. Mais si vous voulez savoir qui a écrit votre nom, vous avez une possibilité.

– Laquelle ?

– Vous constituer partie civile.

Sarkozy n'insiste pas.

– On verra plus tard. Je trouverai le coupable et je le livrerai à la justice. En attendant, je veux que ce rapport soit porté à la connaissance du public, avec sa conclusion qui me blanchit.

– Bien sûr, nous allons le faire savoir, répond, apaisant, le ministre de l'Intérieur en se tournant vers Bousquet. Il faut que vous vous en entreteniez avec le procureur de Paris.

Quatre jours plus tard, Sarkozy va formaliser l'entretien : il écrit au ministre en lui demandant que « toute la vérité soit faite ». Mais les jours, puis les semaines défilent, et rien ne se passe. Sarkozy est en fureur. Villepin s'est moqué de lui. Il décide de passer à l'offensive. La seule façon de déjouer les manœuvres de ses adversaires est de dénoncer publiquement leurs manigances. C'est chose faite le 9 novembre, dans une pleine page du *Monde* sous le titre : « L'enquête cachée de la DST qui oppose M. Sarkozy à M. de Villepin[1] », signée de quatre journalistes : Gérard Davet, Hervé Gattegno, Fabrice Lhomme et Piotr Smolar. Nicolas Sarkozy y reproche ouvertement à Villepin de « tenir secrètes les conclusions d'un rapport de la DST qui le blanchit dans l'affaire Clearstream » et qui lui permettrait de déjouer la « manipulation » dont il est l'objet. Il évoque « un manque de loyauté, sinon davantage ». « Je n'ai qu'une demande, déclare Sarkozy : un service de l'État a connaissance d'une manipulation qui me vise et détient des renseignements ; ce que la police sait, il faut que la justice le sache aussi. » *Le Monde* affirme que Bousquet de Florian s'est discrètement entretenu fin octobre avec le procureur

1. *Le Monde*, 10 novembre 2004.

de Paris, Yves Bot, et que « la recommandation formulée par ce dernier, qui préconisait la transmission officielle des notes de la DST au parquet, n'a pas été suivie d'effet ». En réponse, le ministère de l'Intérieur fait savoir que la polémique entre Dominique de Villepin et Nicolas Sarkozy sur le prétendu rapport de la DST consacré à l'affaire Clearstream est une « non-affaire ». Et la DST ne transmettra aucun document à la justice.

Qu'importe ? Au sein de la majorité, le rapport de force s'inverse. Jean-Pierre Raffarin, à la peine, s'effondre dans les sondages, usé jusqu'à la corde. Son gouvernement patine, tandis que Nicolas Sarkozy fait un tabac à la tête de l'UMP, qui voit les militants adhérer en masse. La décision de Jacques Chirac de faire ratifier par référendum la Constitution européenne était destinée à diviser les socialistes, qui se partagent entre les partisans du oui et ceux du non. De fait, Laurent Fabius a décidé de faire cavalier seul, en faveur du non. Mais ce coup politique est en passe de revenir comme un boomerang sur la tête de la majorité. Pour la première fois, le non passe devant le oui dans un sondage publié le 18 mars 2005 par *Le Parisien-Aujourd'hui en France.*

C'est un mois plus tard que le général Rondot, toujours sensible aux rapports de force politiques, tente de se rappeler au bon souvenir du président de l'UMP. Le 25 avril 2005, au musée Jacquemart-André, dans le 8e arrondissement de Paris, a lieu la cérémonie de remise de la Légion d'honneur au chroniqueur Alain Duhamel. Le Tout-Paris des médias et de la politique est là. En particulier Stéphane Denis, qui retient un instant Nicolas Sarkozy. Il lui redit que Rondot, dont il se fait le porte-parole, souhaite le rencontrer pour lui parler de l'enquête qu'il avait conduite. Devant les juges, alors qu'il est entendu en tant que partie civile, Sarkozy se dérobera : « Je ne me souviens pas que Stéphane Denis m'ait communiqué la moindre information à ce sujet. » Il réitérera son démenti dans *Le Point* : Stéphane Denis « ne m'a jamais transmis un message de Rondot ».

C'est, là encore, parole contre parole. Ce qui est sûr, en revanche, c'est que le président de l'UMP n'a jamais cherché à rencontrer le général. Une prudence toute politique : fin avril 2005, il est parfaitement averti de la tentative de déstabilisation fourbie par Dominique de Villepin dont il a fait l'objet. Aller voir Rondot, c'est prendre le risque de devenir un acteur de cette histoire et, plus tard, d'être montré du doigt comme complice de sa propre déstabilisation, selon le principe du « tous pourris ». Et même d'être soupçonné d'en être l'initiateur, à cause de cette forme de pensée archaïque, à l'œuvre chez les islamistes radicaux et même dans les foules arabes, qui se persuadent que les attentats du 11 septembre ont été organisés par le Mossad, pour dresser l'opinion publique mondiale contre eux : Internet est rempli de ce genre de délires. En version mineure, ils traversent aisément les opinions publiques.

Le dimanche 29 mai 2005, la France vote en faveur du non. Un vote à 54,5 %, sans appel, qui a réuni le non de droite et le non de gauche, le non souverainiste et le non pro-européen (!) ainsi que tous ceux qui veulent donner une leçon aux élites politiques, économiques et médiatiques, très majoritairement favorables au oui, souvent de façon méprisante, ainsi qu'à Jacques Chirac, à Jean-Pierre Raffarin et au gouvernement en place. Pendant deux jours, le pays s'interroge : Jacques Chirac va-t-il être obligé d'appeler Nicolas Sarkozy à Matignon ? Plusieurs de ses conseillers l'y poussent. Mais Chirac ne peut se résoudre à prendre la décision qu'attend toute la droite. Rétrospectivement, on peut se demander si le tour qu'a pris l'affaire Clearstream n'a pas pesé dans sa décision : le mardi 31 mai, il appelle Dominique de Villepin à Matignon. Sarkozy a accepté, mais a fixé ses conditions. Fait sans précédent : Chirac annonce lui-même à la télévision qu'il a demandé à son ancien protégé de reprendre le ministère de l'Intérieur. Cette démarche, non conforme à la Constitution, a été exigée par Sarkozy. Celui-ci a fait avaler son chapeau au chef de l'État qui, le 14 juillet précédent, avait affirmé avec force que le poste de ministre était incompatible avec celui de président de l'UMP. Enfin, avec le titre de ministre d'État et le rang de numéro 2 du gouvernement, Sarkozy prend un ministère élargi, véritable cellule de guerre, avec à ses côtés Brice Hortefeux et Christian Estrosi.

Le lendemain, alors que les Néerlandais votent à leur tour contre le traité constitutionnel à 62 %, Nicolas Sarkozy va tenir des propos incroyables, choquants même, devant les parlementaires de l'UMP, mais qui prennent aujourd'hui tout leur sens : « Depuis que je ne suis plus ministre, les attaques se sont succédé contre moi, affirme-t-il : je serai mieux protégé au ministère de l'Intérieur, c'est plus efficace que les cent cinquante permanents de l'UMP. » Il dit aussi : « À l'Intérieur, il y en a qui doivent mal dormir depuis qu'ils savent que je reviens. » Il dit avoir été la cible « de menaces et de coups bas dignes de l'affaire Markovic[1] ». Il évoque les rumeurs sur ses difficultés conjugales, ses faux comptes dans l'affaire Clearstream. En privé, il désigne Villepin – le Premier ministre avec lequel il va devoir gérer le pays ! – comme celui qui est à l'origine des agressions dont il a été l'objet. Et il prévient : « À mesure que la présidentielle va approcher, les coups deviendront de plus en plus rudes. »

Jamais un ministre n'avait dit tout haut des horreurs pareilles. Plus surprenant encore : pendant plusieurs jours, jusqu'à l'intervention du député Arnaud Montebourg (PS) à l'Assemblée nationale, ces propos, qui ne font l'objet d'aucun démenti, ne provoquent aucun mouvement d'indignation. Parce que, dans la majorité, nombreux savent qu'ils sont fondés. Jamais un homme politique de la génération précédente n'aurait osé parler publiquement de la sorte. Mais Nicolas Sarkozy appartient à une nouvelle génération, celle des *Guignols*. À tort ou à raison, il est convaincu que le parler vrai est moins nuisible que la langue de bois. Surtout s'il lui permet de provoquer ses adversaires, d'asseoir son influence et de susciter la crainte.

Le jeudi 2 juin, la composition du nouveau gouver-

1. C'est une allusion à une tentative de déstabilisation de Georges Pompidou, ancien Premier ministre du général de Gaulle, après son « appel de Rome » dans lequel il se posait comme successeur du Général. Avec l'aval de certains « gaullistes de gauche », on avait tenté de l'associer au meurtre d'un jeune Yougoslave, Markovic, tandis que des photos truquées, montrant sa femme participant à des partouzes, avaient circulé dans les rédactions. Pompidou, meurtri par le silence du général de Gaulle, a politiquement éliminé un à un tous ceux qu'il soupçonnait d'avoir participé à cette opération.

nement est annoncée à 19 h 30, juste avant le journal de TF1. Qui est sur le plateau de Patrick Poivre d'Arvor ? Sarkozy. Dès le lendemain, Claude Guéant, son directeur de cabinet, ordonne au préfet de police de Paris de débarquer sur-le-champ son conseiller Gérard Dubois, en même temps chef du service de presse depuis douze ans, pour cause de « longévité excessive » et de « comportement peu convenable ». Sarkozy le punit pour avoir colporté en ricanant les aventures de Cécilia dans tout Paris et jusqu'à l'Élysée où officie son ancien patron Philippe Massoni. Pour le nouveau ministre de l'Intérieur, revenu dans ses meubles, le renvoi de Gérard Dubois a valeur d'avertissement pour faire comprendre à Massoni et à Yves Bertrand qui a désormais la main : « Il fallait leur foutre la trouille. » Effet garanti. Sarkozy se dispensera de s'en prendre à de plus gros calibres, comme Jean-François Copé, ministre du Budget, ou Philippe Douste-Blazy, ministre des Affaires étrangères, dont il est convaincu qu'ils ont eux aussi alimenté les rumeurs. Mais on s'attend à une sanction de Pierre de Bousquet de Florian, convoqué le mardi suivant par Claude Guéant. Celui-ci arrive avec l'ensemble des documents recueillis par la DST sur l'affaire Clearstream, soit les notes transmises à la justice mais aussi celles qui, soumises au secret défense, n'ont pas été déclassifiées. Ces notes montrent que dès l'origine, les policiers ont émis de sérieux doutes sur la réalité du financement occulte dénoncé. Au cours de l'entretien, Nicolas Sarkozy entre, comme par inadvertance, dans le bureau de son directeur de cabinet. La conversation est presque cordiale. Bousquet assure à son ministre : « On a fait le minimum et on n'a certainement pas à en rougir. » Le haut fonctionnaire vient de sauver sa tête. Les journaux expliqueront que le directeur de la DST est resté en fonctions parce que son remplacement nécessitait l'accord préalable de Chirac. Je suis pour ma part convaincu que Bousquet de Florian est resté en place parce qu'il n'a pas, malgré la difficulté de l'exercice, franchi la ligne jaune en avalisant l'opération contre le rival de Chirac.

Chapitre 11

Le gouvernement explose

Le 3 septembre 2004, une plainte avec constitution de partie civile pour « dénonciation calomnieuse » est déposée. C'est ce jour-là que l'affaire Clearstream est née. Sur le moment, cette plainte passe largement inaperçue. Comme celles portant sur le viol du secret de l'instruction, ces initiatives ne sont souvent que des contre-feux allumés par les personnes mises en cause. Elles aboutissent rarement : les juges les mettent sous leur pile de dossiers où elles peuvent dormir longtemps. Dans un premier temps, ni Villepin, ni Gergorin, ni Lahoud n'y prêtent attention. Cette plainte, pourtant, va prospérer. D'abord parce qu'elle va faire des petits. Alain Gomez, Pierre Martinez vont eux aussi se constituer partie civile, suivis par 19 des 57 personnalités dont les noms ont été ajoutés sur les listings de « la banque des banques », y compris le russo-franco-anglo-israélien Arkadi Gaydamak, objet d'un mandat d'arrêt international. Surtout, le premier juge désigné, Jean-Marie d'Huy, rejoint plus tard par son collègue du pôle financier Henri Pons, comprend vite qu'il tient en main un fil rouge qui lui permettra, peut-être, de remonter jusqu'au sommet de l'État. Pour un juge d'instruction, c'est le pot de confiture en haut de l'étagère. Avec la perspective de se hisser au niveau d'un Philippe Courroye. Et peut-être même d'un Renaud Van Ruymbeke. À condition de ne pas se monter du col, se laisser manipuler et finir par trébucher.

Cheveux gris légèrement dégarnis, souvent souriant, Jean-Marie d'Huy, cinquante ans, n'est au pôle financier que depuis trois ans. Il a été prof, puis inspecteur des impôts, juge d'application des peines, avant de devenir juge d'instruction à Évry, de 1991 à 1999. Il est sorti de l'anonymat en 1994, en mettant en examen Pierre Suard, alors tout-puissant PDG du groupe Alcatel-Alsthom, et en l'obligeant à démissionner, car le contrôle judiciaire qu'il lui avait imposé lui interdisait de rencontrer la plupart de ses collaborateurs ! Suard l'avait alors pris à partie en direct, pendant près de vingt minutes, au cours du journal télévisé de France 2. S'attaquer à un grand PDG du Cac 40 était une première. Voué aux gémonies par l'establishment, il s'était alors violemment opposé à son procureur, Laurent Davenas [1]. Je me souviens d'un rendez-vous matinal, dans un café parisien, au cours duquel Davenas m'avait dit tout le mal qu'il pensait du juge d'Huy. Mais Pierre Suard, premier d'une longue liste, avait fini par être condamné, pour abus de biens sociaux, à deux ans de prison avec sursis et 2 millions de francs (300 000 euros) d'amende. Ce qui signifie que le juge n'avait fait aucune erreur de procé-

1. C'est le même Davenas que Jacques Toubon, alors garde des Sceaux, avait tenté, en vain, de retrouver au milieu de l'Himalaya, en affrétant un hélicoptère, pour qu'il étouffe une affaire impliquant Xavière Tiberi, épouse du maire de Paris, dangereuse pour le RPR.

dure, sinon son dossier n'aurait jamais abouti. D'Huy a ensuite mené plusieurs enquêtes mettant en cause le conseil général de l'Essonne, présidé alors par le RPR Xavier Dugoin, lui aussi condamné en 2002 par la cour d'appel de Paris. Dès son arrivée au pôle financier de Paris, il s'est attaqué notamment au comité d'entreprise d'EDF, le plus puissant de France, contrôlé par la CGT, pour « abus de confiance, escroquerie, faux et usage de faux, complicité et recel ». Ensuite, avec son collègue Henri Pons, d'Huy va enquêter sur l'affaire Rhodia, dont les dirigeants sont accusés de « présentation de comptes inexacts et diffusion de fausses informations ».

Henri Pons, longiligne, cheveux bruns frisés, lui aussi juge d'instruction, a été en poste à Nancy puis à Nîmes, avant d'être détaché à la COB entre 1995 et 1998. Au pôle financier, il s'est spécialisé dans les dossiers en lien avec l'étranger. En 2004, pour trafic de drogue, entre la Colombie et les États-Unis via le Mexique, il a renvoyé devant le tribunal Raul Salinas de Gortari, le propre frère d'un ancien président du Mexique. Trop gros gibier ou preuves insuffisantes ? Le 2 mai 2006, le tribunal a relaxé M. Salinas. Henri Pons continue d'instruire le dossier Vivendi Universal dans lequel il a mis en examen son ancien président Jean-Marie Messier pour « manipulation de cours, diffusion de fausses informations et abus de biens sociaux ».

Le juge d'Huy, rejoint plus tard par Pons, va commencer son enquête à petite vitesse : pas question de se laisser imposer un rythme par la presse, qu'ils ne lisent d'ailleurs que d'un œil, à la différence de Van Ruymbeke, Éva Joly, Philippe Courroye et les autres. Leur seule obsession sera de ne pas faire d'erreurs de procédure. Car ils ont vite la conviction que leur dossier est truffé de pièges. Ils ne savent rien de l'enquête, qui est en train de se clore, du général « OSS 117 France », pas plus qu'ils ne connaissent celle que conduit la DST.

En effet, le jour même où l'auteur de la plainte, Philippe Delmas, l'adjoint de Forgeard patron d'Airbus, a mis son sort entre les mains de la justice, en septembre 2004, Pierre de Bousquet de Florian et Jean-Louis Gergorin se retrouvent dans un café proche de la DST. Le patron du service de contre-espionnage veut tirer les vers du nez de son interlocuteur et lui faire avouer qu'il est le corbeau. Gergorin s'en défend vigoureusement. Il refuse d'ailleurs de suivre Bousquet dans les locaux de la DST où celui-ci veut l'amener pour que les policiers chargés de l'enquête le mettent sérieusement sur le gril. Quelques semaines plus tard, Van Ruymbeke rendra à Delmas son ordinateur et ses agendas. Lui aussi a compris qu'il s'est fait mener en bateau. À ce moment, la rumeur d'un coup monté par Gergorin affleure dans les journaux, relayée par Stéphane Fouks, dirigeant d'Euro-RSCG, qui travaille à la fois pour Forgeard et pour Lagardère. On peut même lire, ici et là, que Gergorin est un grand ami de Villepin et que l'affaire sert ses intérêts politiques, face à un Sarkozy qui cherche à conquérir l'UMP. La pression médiatique commence.

Peu à peu, l'enquête des deux juges va semer l'inquiétude, puis la panique chez les comploteurs. En témoignent les notes personnelles du général Rondot. Au sortir d'un entretien avec son ami ministre qui porte, selon lui, sur « les aspects judiciaires » de l'affaire, il écrit, le 23 octobre de cette même année 2004 où celle-ci prospère : « Dominique de Villepin me demande de voir Jean-Louis Gergorin pour mise en garde. » Trois jours plus tard, après avoir vu Philippe Marland, le général note : « Enjeu Jean-Louis Gergorin et Imad Lahoud : le risque est que ceux-là essayent de mettre en cause Dominique de Villepin. » Et, le 24 novembre, résumant un nouvel entretien, qui s'est tenu la veille avec Dominique de Villepin, le général Rondot s'interroge : « Les craintes : que Mahdi [Lahoud] dévoile ce qu'il sait de Jean-Louis Gergorin ? » et ajoute un commentaire, attribué à Villepin : « L'affaire, selon lui, va se dégonfler. Les juges [...] devraient ne pas aller plus loin. »

Belle clairvoyance ! Car les juges, en cet automne décisif, veulent justement faire la jonction entre leur enquête et celle de la DST, conduite parallèlement à la leur. Le 18 novembre, Jean-Marie d'Huy demande à la DST de lui transmettre le rapport publiquement évoqué par Nicolas Sarkozy, qui le disculpe. Bousquet de Florian lui répondra, par lettre, qu'un tel rapport n'existe pas. Mais les juges ne se satisfont pas de cette réponse. Ils convoquent le patron de la DST qui sera entendu, le 21 janvier suivant, à titre de témoin. Ce jour-là, il minore l'importance des investigations effectuées, parlant d'un simple « recueil de renseignements » excluant toute « filature » ou « audition ». Il qualifie de « délirante » l'hypothèse d'une surveillance de Nicolas Sarkozy et assure n'avoir procédé « à aucune écoute sur les dirigeants d'entreprise ni bien sûr les hommes politiques » cités par « les articles de presse ».

Les comploteurs s'inquiètent : il est temps de battre en retraite et d'allumer des contre-feux. Le 12 novembre, avec un aplomb extraordinaire, Jean-Louis Gergorin dépose à son tour plainte, pour « faux et violation du secret professionnel », à propos du rapport invisible de la DST qui le désigne comme le corbeau. Une enquête préliminaire est ouverte, confiée à l'IGPN, la police des polices. L'engrenage est en place : désormais les traces laissées par les comploteurs sans scrupule sont de plus en plus nombreuses.

Le 16 novembre 2004, en ouvrant *Le Figaro*, Arnaud Lagardère, comme tout l'état-major de son groupe, tombe des nues. Jean-Louis Gergorin a accordé une longue interview, sans prévenir personne. En pleine bataille avec les Allemands pour le renouvellement des dirigeants d'EADS, son intervention est intempestive. Car Gergorin met publiquement en cause le groupe qui le paye, en évoquant « un complot, machiavélique », « une stratégie mise au point pour provoquer un changement de direction au sein d'EADS ». Il répète qu'il n'est pas le corbeau et laisse entendre que Philippe Delmas se serait accusé lui-même pour pouvoir le disqualifier ainsi que Philippe Camus : toujours cette vieille technique de défense farfelue qui consiste à transformer la victime en bourreau. Cette interview met Arnaud Lagardère en fureur. Pas question, cependant, de sanctionner Jean-Louis Gergorin, détenteur de trop de secrets, qui reste, à l'époque, intouchable.

Celui-ci n'a peur de rien... hormis des Russes ! Répondant à un article de *L'Express* qui le présente, à nouveau, comme le corbeau, il publie le 13 décembre le communiqué suivant : « Jean-Louis Gergorin, vice-président exécutif d'EADS, réitère n'être en rien concerné par cette affaire et dénonce les amalgames hasardeux, spéculations fallacieuses et contrevérités qui émaillent cet article, auquel il se réserve de répondre par les voies de droit appropriées. Il constate que cette parution intervient dans un contexte de manipulations diverses visant à influencer des décisions industrielles d'une tout autre nature. Il rappelle qu'il a d'ores et déjà déposé plainte pour que soient identifiés les auteurs de la campagne de calomnies qui le vise et déplore qu'un magazine à diffusion nationale s'en fasse le relais sans disposer, et pour cause, du moindre commencement de preuve. »

Mais pendant ce temps, ses adversaires marquent des points. Dans la bataille qui se joue autour du conglomérat EADS, ses gesticulations n'empêcheront pas Noël Forgeard de prendre la place de Philippe Camus à la coprésidence, sous la pression intense de Chirac. Elles n'empêcheront pas non plus la vérité de progresser, après une période d'accalmie. Gergorin est identifié de tous côtés comme étant au cœur de la manipulation d'État. Au niveau supérieur on tente d'allumer de nouveaux contre-feux. En mai 2005, Philippe Camus, rapatrié directement au siège du groupe, auprès d'Arnaud Lagardère, adresse une longue lettre au juge Jean-Marie d'Huy pour l'informer des pressions exercées... sur Imad Lahoud. Sont jointes deux notes de l'informaticien transmises au procureur de la République. Lahoud y affirme avoir fait l'objet de « menaces formelles » de la part d'un haut cadre d'Airbus, chargé de la sécurité, ancien policier de la DST (dont il donne le nom) afin qu'il se désigne comme le fabricant des documents trafiqués, sous la pression de... Gergorin et Rondot. Lahoud assure qu'en échange d'un témoignage en ce sens, on lui a garanti le statut de témoin assisté et l'absence de poursuites judiciaires. Le discours tenu à Lahoud est simple, selon lui : la justice va lever le lièvre, il faut choisir son camp. Troublant : comme si on préparait une nouvelle ligne de défense accablant Gergorin en exonérant Villepin. Mais quel crédit peut-on accorder aux propos d'Imad Lahoud ? Cette lettre va conduire le procureur et le juge à lancer de nouvelles investigations. Y a-t-il un ou plusieurs corbeaux ? Qui sont les donneurs d'ordre ? En réalité ce rebondissement a tout d'un leurre destiné à brouiller les pistes. Comment la justice va-t-elle réagir ?

Pour l'instant, c'est la DST qui semble tirer le bon fil de la pelote Clearstream. « La DST soupçonne le juge Van Ruymbeke[1] », titre *Le Parisien-Aujourd'hui en France*. Laurent Valdiguié, enquêteur redoutable, écrit que, dans les notes remises à Nicolas Sarkozy, la DST soupçonne le juge « de connaître le corbeau » et « d'entretenir des relations avec lui ». La note a été épurée au nom du secret défense avant d'être transmise à Jean-Marie d'Huy. C'est un véritable scoop mais il passe relativement inaperçu, comme c'est souvent le cas lorsque l'information va trop à rebours de l'opinion dominante. Car le juge Van Ruymbeke est une icône.

Le filet se resserre et la panique gagne. Les juges d'Huy et Pons sont bien décidés à « aller plus loin », contrairement à ce que prévoyait Dominique de Villepin, persuadé que l'affaire allait « se dégonfler ». Le 7 octobre 2005, Au sortir d'une entrevue avec le général Jean-Louis Georgelin, chef d'état-major particulier de Jacques Chirac – entrevue que celui-ci conteste –,

1. *Le Parisien-Aujourd'hui en France*, 15 juin 2005.

le général Rondot écrit sur une des fiches quadrillées qui lui sont si chères : « Une épée de Damoclès sur Dominique de Villepin. » Ainsi que : « Rôle de Jean-Louis Gergorin ; audition d'Imad Lahoud : qu'a-t-il dit ? Le général[1] se "dégage", c'est du politique. » Dans les cercles du pouvoir, à la DGSE, on commence à fouiller les archives, à détruire les documents liés à cette histoire qui décidément tourne mal. Le mauvais coup a raté. Il est plus que temps d'en effacer les traces ! Seul le général Rondot, tel un notaire méticuleux, continue de gribouiller ses notes et de regrouper ses documents, afin de les transmettre aux archives de l'armée, dans le fort de Vincennes. Espion ou pas, un départ en retraite, ça se prépare.

De tous ces documents, les juges d'Huy et Pons vont faire leur miel lorsqu'ils mettront la main dessus au cours d'une perquisition très réussie. Mais il faudra attendre le mois de mars 2006 pour que leur enquête s'accélère brutalement. Que s'est-il passé ? Le 31 janvier, Nicolas Sarkozy, ministre de l'Intérieur, suivant avec retard le conseil de Villepin, s'est constitué partie civile. Il a lui aussi déposé plainte pour « dénonciation calomnieuse » par l'intermédiaire de son avocat, Thierry Herzog. On n'en parle guère sur le moment. C'est pourtant un événement considérable. Voilà un ministre qui dépose une plainte visant, en fait, le chef du gouvernement auquel il appartient ! Officiellement, c'est parce que la victime du complot vient seulement d'être informée du retour des commissions rogatoires adressées à la justice italienne, qui le blan-

1. Rondot évoque ici le général Georgelin.

chissent complètement. De fait, le 26 janvier, la Banca Popolare de Sondrio écrit à *L'Express* que « les mystérieux comptes aux noms de Stéphane Bocsa et Paul de Nagy n'ont jamais été ouverts » auprès d'elle. La réponse aurait été envoyée le 16 novembre 2005, en pleine émeute des banlieues. En réalité, ce retour tardif des commissions rogatoires est un prétexte : depuis dix-huit mois, tout le monde sait parfaitement que la liste a été truquée et que Sarkozy, comme les autres hommes politiques cités, est innocent. Les accusations portées contre eux d'avoir reçu de l'argent sur la vente des frégates et même de disposer d'un compte bancaire à l'étranger, enregistré chez Clearstream, sont entièrement fausses. Le juge Van Ruymbeke reconnaît que s'il n'a pas pressé les autorités judiciaires italiennes de lui répondre plus vite, c'est parce qu'à ses yeux tout était clair, sur ce point, depuis longtemps.

La véritable raison pour laquelle Sarkozy s'est porté partie civile est donc avant tout politique. Car Dominique Galouzeau de Villepin, avec son port altier, son sourire carnassier, son aplomb, ses manières d'aristocrate, et l'affichage « social » de sa politique prudemment libérale, a séduit l'opinion publique, surtout les femmes. Il a réussi sans dommage à traverser la crise des banlieues et à imposer le contrat nouvelle embauche (CNE) qui dispense les patrons d'entreprise de moins de vingt personnes de toute obligation vis-à-vis de leurs salariés. En ce début d'année, le Premier ministre est au plus haut dans les sondages. Il fait jeu égal avec le ministre de l'Intérieur, qu'il dépasse même parfois. Certes, celui-ci se rassure en constatant qu'une partie de sa popularité vient de la gauche et qu'elle volera en éclats au premier affrontement camp contre camp ; et que si son rival peut faire un bon candidat de second tour, il n'a guère de chance de sortir victorieux du premier. Mais enfin, à ce moment-là, le problème Villepin se pose : avec le soutien de Chirac, son challenger risque de lui barrer la route de l'Élysée. En cette fin janvier 2006, Sarkozy n'imagine pas que, gagné par l'euphorie, le Premier ministre va, quelques semaines plus tard, se réduire en bouillie en tentant d'imposer, sans la moindre concertation préalable, son contrat de première embauche (CPE) destiné aux employeurs de jeunes de moins de vingt-six ans. En un mois, l'initiative va se transformer en un fiasco total.

Fouettés par la plainte du ministre de l'Intérieur, peut-être sensibles au renversement du rapport de force politique en sa faveur, les juges d'Huy et Pons vont en tout cas donner un coup d'accélérateur brutal à leurs investigations. Ils confient leur enquête à la Division nationale des investigations financières, dirigée par Christian Mirabel, ancien sous-directeur de la brigade financière. Réunissant d'excellents experts de la délinquance en col blanc, la Dnif est située à Nanterre, dans les Hauts-de-Seine, fief de Nicolas Sarkozy, le ministre dont dépendent les policiers. Autant dire que la machine est en marche. Juges et policiers lancent, à partir de fin mars, une série de perquisitions dans les bureaux et les domiciles d'Imad Lahoud, de Philippe Rondot (y compris dans la Nièvre) et même au siège de la DGSE. Le 28 mars, ils auditionnent le général pendant quatorze heures d'affilée, avec le statut de simple témoin, qui lui interdit tout accès au dossier[1]. Le vieil espion fatigué va s'empêtrer dans ses

1. Le procédé est contestable, sur le plan procédural, dès lors que des soupçons existent sur la personne qui est interrogée.

dénégations et ses contradictions, dans un effort méritoire, mais impossible, pour dire sa part de vérité, tout en tentant de protéger Villepin et Chirac. Nouvelle série de perquisitions, début avril, au secrétariat général de la Défense nationale (SGDN), dans le bureau d'Alain Juillet[1], au siège parisien d'EADS, où le bureau du patron Noël Forgeard a été fouillé, au bureau et au domicile de Jean-Louis Gergorin, et même à Toulouse, au bureau de Gustave Humbert, le président allemand d'Airbus.

Pendant toutes les perquisitions, le parquet est marginalisé. Il s'en dira surpris et choqué. Les juges le préviennent au tout dernier moment, lui communiquent un minimum d'informations. L'objectif est évident : il s'agit de ne pas informer, à travers lui, le Premier ministre, sur qui pèse le soupçon.

À partir de là, nourris par les procès-verbaux d'auditions, les notes et même des documents classés confidentiel défense auxquels les juges n'ont pas eu accès, tous les journaux – *Le Monde* en tête – ne cesseront de publier des articles assassins par leur précision et par la gravité des faits allégués. Jacques Chirac, Dominique de Villepin et, à un degré moindre, Michèle Alliot-Marie sont montrés du doigt. Ils nient farouchement toute implication dans ce qui apparaît en pleine lumière comme un complot de Branquignols, qui se manipulent les uns les autres. Des Branquignols haut placés, mais qui ont perdu tout sens de l'État. Et tout sens moral.

---

1. Chargé de l'intelligence économique auprès du Premier ministre, ancien directeur du renseignement à la DGSE, Alain Juillet reconnaît très naturellement devant les policiers avoir détruit les documents liés à l'affaire, comme il le fait systématiquement lorsqu'il ne s'en occupe plus.

À La Baule, pendant le week-end de Pâques, à la mi-avril, Nicolas Sarkozy se concerte avec Thierry Herzog, son avocat. Les deux hommes décident de demander l'élargissement de la saisine des juges aux faits de « faux, usage de faux et recel ». L'objectif est clair : il permettrait de poursuivre les falsificateurs, mais aussi Dominique de Villepin « pour recel », dès lors qu'il aurait connu la falsification et ses auteurs, sans pour autant y mettre un terme. Mais ils renonceront finalement à cette démarche : l'agression aurait été trop voyante. Et peut-être inutile puisque la société Clearstream, décidant à son tour de se constituer partie civile, de son propre chef, portera plainte pour « faux et usage de faux ». Nicolas Sarkozy n'a plus aucun intérêt à se mettre en avant. Pendant les semaines qui suivent, il serine un message simple : « À la justice de faire son travail. »

Le rideau va se déchirer complètement le mardi 9 mai 2006, à la lecture du *Canard enchaîné*, en vente le lendemain. Bizarrement relégué au deuxième rang, derrière un scoop douteux sur un prétendu compte de 300 millions d'euros qu'aurait détenu Jacques Chirac au Japon[1], il y en a un vrai : l'article révèle que Renaud Van Ruymbeke connaissait le corbeau depuis le début, comment il a rencontré Gergorin en secret et comment le premier courrier anonyme lui a été adressé. L'article était complété par des confirmations du juge, comme de l'avocat qui avait joué les intermé-

1. Cette histoire traîne depuis des années. Elle aurait été lancée par un journal à scandale japonais, aujourd'hui disparu, dans un article dont personne n'a jamais retrouvé la trace.

diaires et, pour le fun, d'un ultime démenti de Gergorin ! Plus tard, dans une débauche d'interviews, celui-ci reconnaîtra cependant qu'il a été à l'origine de cet envoi et du suivant, celui où est cité Nicolas Sarkozy. La lecture de l'article du *Canard enchaîné* m'a profondément troublé. Non pas que l'identité révélée du corbeau m'ait surpris : comme tout le monde, je savais depuis longtemps à quoi m'en tenir. Au cours de plusieurs déjeuners en tête à tête avec lui, je m'accommodais de ses démentis formels et de ses constructions intellectuelles sophistiquées pour identifier le volatile qui avait forcément été manipulé par Alain Gomez et Philippe Delmas contre lui, mais c'était pour ne pas l'énerver, tenter de savoir s'il avait agi seul et glaner d'autres informations. En revanche, l'implication de Renaud Van Ruymbeke, un juge que j'estimais, l'un des seuls avec qui j'avais des contacts réguliers, m'a complètement désarçonné.

Ce magistrat réputé avait donc gardé le secret, pendant deux ans, alors que tous les journalistes français étaient à l'affût ! Il connaissait le corbeau et n'avait rien dit à personne. Pas même à Dominique de Talancé, il est vrai peu présente, ni active ni concernée, mais néanmoins cosaisie avec lui du dossier des frégates ! Pas même à Jean-Marie d'Huy et Henri Pons, ses voisins de bureau, qui enquêtaient tous azimuts pour trouver le corbeau et ses commanditaires ! Tout juste avait-il dit à d'Huy, lorsqu'ils cernaient Gergorin : « Tu es dans la bonne direction. » Au cours des déjeuners amicaux que nous avons eus ensemble, lorsque j'interrogeais Van Ruymbeke sur l'identité probable du corbeau, cet amateur de football, supporter du Stade rennais, bottait invariablement en touche : « Cela m'est un peu égal. Mon problème, c'est de trouver les destinataires des retours de commissions sur les frégates. L'identité du corbeau, c'est celui de mes collègues. »

Même si c'était pour la bonne cause, Van Ruymbeke a fait une faute. Il se défend en expliquant que pour obtenir du juge des libertés l'autorisation de recueillir un témoignage de façon anonyme, il faut d'abord rencontrer la personne concernée pour évaluer l'intérêt de ses déclarations et les raisons pour lesquelles elle veut se cacher. C'est dans ce cadre, affirme-t-il, qu'il a rencontré Gergorin, qui a refusé cette procédure. Le raisonnement pourrait tenir s'il n'avait rencontré sa source à plusieurs reprises. La vertu présumée d'un juge ne peut justifier qu'il s'affranchisse des règles strictes de la procédure, car dans la brèche ainsi ouverte, d'autres, moins vertueux, sont tout prêts à s'engouffrer, foulant au pied les libertés publiques.

Certes, beaucoup de juges usent et abusent des lettres anonymes – qu'ils s'envoient parfois eux-mêmes – pour se saisir d'une affaire ou faire pression sur le parquet. Mais, curieusement, j'ai mal admis que celui-là ait rencontré le corbeau et l'ait caché pendant deux ans. Bien sûr, il était allé chercher l'information là où elle trouvait, sans se couvrir auprès de ses supérieurs : les films noirs sont pleins de ces policiers qui franchissent la ligne jaune, prennent des risques pour la bonne cause et se font taper sur les doigts. Il a tenu sa parole, dans « le secret du palais » et cela, on ne peut guère le lui reprocher. Après l'aveu de Van Ruymbeke, la ronde des vautours n'a pas tardé. Derrière les témoignages de soutien, on a vite entendu les ricanements des jaloux, ravis de voir trébucher le juge emblématique. Il a été désavoué publiquement par le président du principal syndicat de magistrats. En toute hypocrisie, certains de ses collègues sont venus discourir sur le nécessaire respect de la procédure pénale, à l'image de Philippe Courroye, à France Inter, alors que ce juge, de façon manifeste, a, dans une autre affaire, antidaté un de ses procès-verbaux. Le pouvoir, trop content de faire diversion, a suspendu sa promotion, alors que Renaud Van Ruymbeke allait être nommé président de chambre à la cour d'appel de Paris.

Ce n'est pas glorieux. On peut certes jeter un caillou au juge, peut-être. Mais le lapider, non. Ou alors, ce serait un carnage. Après tout, on sait aujourd'hui que Jacques Chirac, Dominique de Villepin, Michèle Alliot-Marie, le général Rondot et la moitié de la DGSE, entre autres, savaient, dès l'origine, que Jean-Louis Gergorin avait balancé au juge ses faux listings, après l'avoir rencontré à plusieurs reprises. Et qu'eux non plus, ils n'avaient rien dit. Ils sont, de toute évidence, au minimum complices. Et plus probablement initiateurs collectifs de cette sombre manipulation d'État.

Le samedi 29 avril, dans le froid glacial d'un hiver qui n'en finit pas, se joue au Stade de France la finale de la coupe de France de football, qui oppose Marseille au Paris-Saint-Germain. Comme le veut la tradition, le président de la République est présent, ainsi que le ministre de l'Intérieur, qui a fait un bref aller et retour depuis la Corse du Sud, où il passait le week-end avec sa nouvelle compagne. On échange des banalités. Chirac demande à Sarkozy :

– Tu n'as pas trop froid, Nicolas ?

– Non, ça va. Et vous Monsieur le président, vous êtes bien couvert ?

Bien couvert ? Chirac n'a pas relevé. D'ailleurs, tout porte à croire que Sarkozy, pour une fois, ne l'avait pas fait exprès. Tous deux avaient l'air triste.

Le PSG a battu l'OM par deux buts à un. À la fin du match, Fabien Barthès, le capitaine de l'équipe vaincue, s'est éclipsé au moment d'aller chercher le trophée de consolation. Au moment où Chirac est descendu sur la pelouse pour féliciter les gagnants, les responsables du stade ont coupé les écrans géants qui retransmettent les images de la télévision. Pour éviter que les Français n'entendent le vacarme provoqué par les huées des spectateurs.

Épilogue

Les mensonges et le déni

Arrivé à 9 heures du matin dans un 4×4 sombre aux vitres fumées, Jean-Louis Gergorin s'engouffre dans le bâtiment de la Division nationale des investigations financières (Dnif), à Nanterre. Placé, peu après, en garde à vue, il n'en sortira que le jeudi 1er juin à 11 heures, pour être conduit au pôle financier où il est mis en examen pour « dénonciation calomnieuse » par les juges d'Huy et Pons, qui viennent d'obtenir l'élargissement de leur saisine aux délits de faux, complicité de faux et recel. Pendant quarante-huit heures, les policiers n'obtiendront rien de Gergorin. Frais et dispos, il n'a pas arrêté de parler des Russes, de Lagardère, des comptes Clearstream, etc. Il va ainsi épuiser les enquêteurs les uns après les autres ; ils n'arriveront même pas à lui poser toutes les questions que les juges avaient préparées ! Présenté aux juges, ceux-ci demanderont son incarcération, contre l'avis du parquet. Le juge des libertés s'opposera à sa mise sous mandat de dépôt, se contentant d'un contrôle judiciaire et d'une caution. Gergorin a parlé de tout, sauf de sa « source », alors qu'il avait promis d'en révéler l'identité aux juges.

Dans les jours qui précèdent sa garde à vue, Gergorin

s'est rendu à Munich où il a rencontré de hauts dirigeants allemands d'EADS. Puis il a passé quelques jours à Londres pour voir celui qu'il a appelé sa « source » dans les nombreux entretiens accordés à la presse française la semaine précédente, sans plus de précision. Qui est cette « source » à l'origine des faux listings, tardive et opportune ? Selon Denis Robert, il s'agit du jeune auditeur d'Arthur Andersen, Florian Bourges, qu'il a présenté à Imad Lahoud et à Renaud Van Ruymbeke. Le juge l'a entendu, hors procédure, en octobre 2004. Pour ma part, j'en ai identifié une autre. Dans une interview au *Parisien-Aujourd'hui en France*, le 23 mai, Ernest Backes, le coauteur de Denis Robert dans son premier livre sur Clearstream, a donné sur ce personnage des éléments intéressants. Il le définit comme « un homme d'affaires, un ancien banquier, très proche des services secrets d'un pays européen ». Quelqu'un qui « n'est pas français » et « a moins de soixante ans ». Un homme qui « a travaillé à l'international dans beaucoup de domaines et a notamment des bureaux à Londres, qui n'a jamais eu de bonnes relations avec la France » et dont le « nom a même été cité dans une affaire ». Quelqu'un, enfin, que Jean-Louis Gergorin aurait connu en enquêtant sur Karel Schmitt, ce citoyen suisse que l'ancien vice-président d'EADS soupçonne, sans aucune preuve, d'avoir été au centre du réseau qui a fait suivre et photographier Arnaud Lagardère et son épouse en train de faire leurs courses. « Pour sa sécurité, conclut Ernest Backes, Gergorin ferait mieux de tout dire aux juges. »

Ce portrait esquissé correspond à celui du « cinquième homme » : le milliardaire irakien Nadhmi

Auchi, dont la photo, curieusement, figure dans le livre *Révélation$*, cosigné par Ernest Backes et Denis Robert. Cet ancien compagnon de Saddam Hussein a toujours été lié aux services secrets britanniques. Il a quitté l'Irak après l'assassinat de deux de ses frères et a été naturalisé britannique en 1980. Son portrait chinois correspond à la description qu'en fait Backes à ceci près qu'il a soixante-neuf ans et qu'il n'a pas toujours eu de si mauvaises relations avec la France puisqu'il a possédé jusqu'à 12 % de Paribas jusqu'au début des années quatre-vingt-dix et qu'il a joué un rôle actif dans la fusion avec la BNP, en 2000. Pour le reste, Auchi, une des grandes fortunes britanniques, dont les bureaux sont dans le sud-ouest de Londres, entretient des rapports étroits avec les dirigeants politiques du Royaume-Uni et est toujours considéré comme proche du MI-6, le service de renseignement de Sa Majesté. Mis en examen dans le cadre de l'affaire Elf, pour des commissions occultes perçues à l'occasion du rachat d'une compagnie pétrolière espagnole, Nadhmi Auchi a été condamné à quinze mois de prison avec sursis. Il avait pendant l'instruction tenté de négocier la levée de son mandat d'arrêt international avec le juge Renaud Van Ruymbeke. Alors que j'étais allé le voir à Londres, début 2003, il m'avait montré la correspondance qu'il échangeait avec le juge, auprès de qui il acceptait de se rendre à condition d'avoir la garantie de ne pas être incarcéré. Il m'avait demandé d'intercéder, ce dont je m'étais bien gardé. Selon des informations recueillies de bonne source, il aurait été en relation de longue date avec Imad Lahoud.

Et alors ? Peut-on en déduire que Auchi, voyant que ses tentatives pour être mis en relation directe, hors procédure, avec le juge Van Ruymbeke étaient vaines, a trouvé en Lahoud l'intermédiaire qu'il cherchait ? Au téléphone, depuis Londres, Jean-Louis Gergorin m'avait longuement expliqué qu'en enquêtant sur l'affaire Clearstream, je ne voyais « que la partie visible de l'iceberg ». Il m'avait laissé entendre que le MI-6 était au cœur d'un vaste complot antifrançais. Pour compléter le tableau, ne manquait plus que le lien entre les mafieux russes, assassins de Jean-Luc Lagardère, et les Anglais décidés à torpiller les industries de défense françaises ! Sans oublier les Allemands, qui « ont pris le contrôle d'EADS et d'Airbus »... Même si on n'en est pas encore là, cette perspective n'est plus absurde. Vu le comportement des dirigeants d'EADS, leur inquiétude serait en tout cas plus que compréhensible !

Nadhmi Auchi, Florian Bourges : des sources comme celles-ci, sans doute y en aura-t-il d'autres. Robert, Lahoud, Gergorin n'ont cessé de brouiller les pistes pour se couvrir et pour influencer Van Ruymbeke. Il ne sera pas facile pour les juges de faire la part de la vérité et du délire, des contre-feux et des leurres posés par Gergorin pour s'exonérer de ses mensonges et de ses responsabilités, tant celui-ci est passé maître dans l'art de brouiller les cartes. Acculé, le corbeau cherche à relancer l'enquête sur les commissions et rétrocommissions versées à l'occasion de la vente des frégates de Taïwan. Pour que soient établis les faits de « dénonciation calomnieuse », encore faut-il démontrer qu'il y a eu calomnie, a-t-il expliqué aux magistrats. Et, égal à lui-même, il a continué d'affirmer aux policiers et aux juges que Clearstream cache toujours de nombreux comptes occultes.

Pas facile non plus, pour les juges, de démêler l'écheveau des relations entre les uns et les autres, de Jacques Chirac à Denis Robert, en passant par Dominique de Villepin, Imad Lahoud, Jean-Louis Gergorin, Renaud Van Ruymbeke ou Philippe Rondot. Tous ont menti, certains de façon éhontée, d'autres par omission. Qui a manipulé qui ? À quel moment et sous quelle forme, des noms étrangers à l'univers mental et professionnel de Gergorin ont-ils été inscrits, en particulier celui de Sarkozy ? Il leur faudra répondre à la question centrale : Villepin a-t-il, de sa propre initiative, fait rajouter les noms de Stéphane Bocsa et Paul Nagy, pour abattre son rival et complaire au président de la République ? Ou bien s'est-il contenté de tirer profit de ce trucage, décidé par un autre, en toute connaissance de cause et avec une détermination sans faille ?

Quelles que soient la réponse à cette question et ses éventuelles conséquences pénales, la réalité politique s'impose : le Premier ministre de la France a eu un comportement indigne de sa charge. Et puis, démasqué, au lieu d'en tirer les conclusions, il a commencé par accumuler les contrevérités. Comme ce lundi 28 avril 2006, au micro de Jean-Pierre Elkabbach sur Europe 1, lorsqu'il a déclaré, à propos de la réunion du 9 janvier 2004 entre Gergorin, Rondot et lui, qu'il l'avait organisée pour « éviter toute manipulation politique car des noms de personnalités avaient été cités par la presse ». C'est un mensonge caractérisé qui traduit le degré de panique atteint ce jour-là. Car le 9 janvier 2004, la presse n'était au courant de rien et, a fortiori, n'avait cité aucun nom. Dominique de Villepin a ajouté : « Nous n'avons jamais parlé de Nicolas Sarkozy comme possible bénéficiaire de compte bancaire à l'étranger. » Le 2 mai, il est encore plus péremptoire : « À aucun moment, le nom de Nicolas Sarkozy n'a été évoqué. »

Or tout démontre le contraire. Devant l'évidence du mensonge, le Premier ministre est obligé, en catastrophe, de rectifier le tir. Le 4 mai, il déclare que « le nom de Nicolas Sarkozy n'a pas été évoqué en liaison avec de quelconques affaires, il a été évoqué comme ministre de l'Intérieur ». Ces propos, même atténués, sont totalement démentis par les déclarations de Gergorin, mais aussi par les notes, précises et explicites, de Rondot, acteur du complot et scribe méticuleux des égarements de son idole. Le général assure qu'au cours de cette réunion d'anciens du Quai d'Orsay, a été évoqué le « compte couplé : Nicolas Sarkozy-Stéphane Bocsa » qui apparaîtra, cinq mois plus tard seulement, dans un listing remis au juge Van Ruymbeke. Idem pour l'implication de Jacques Chirac. « Je n'ai pas eu à évoquer ce dossier précis, avec le président de la République, et à aucun moment il n'a eu à me donner d'instructions », a déclaré Villepin le 4 mai 2006. Or le général Rondot note, au sortir de la réunion du 9 janvier 2004, à une époque où il ne pouvait imaginer que ses petites fiches pourraient un jour être saisies par la justice : « Instruction du président de la République auquel Dominique de Villepin avait rendu compte [...], traitement direct avec le président de la République. » Et trois jours plus tard, il écrit au ministre des Affaires étrangères : « Il convient bien d'agir avec prudence, dans un cadre secret, en tenant compte d'éventuelles manipulations politiques, selon les propos du président, tels que tu les as rapportés. »

Enfermé dans ses mensonges et ses contradictions, Dominique de Villepin va tenter une sortie hasardeuse. Première urgence : neutraliser le général Rondot.

Celui-ci annonce sa décision de ne plus rien dire aux juges tant qu'il ne bénéficiera pas du statut protecteur de témoin assisté. De fait, conduit de force devant eux le lundi 22 mai, le « soldat Rondot », comme l'appelle son avocat, est resté muet. Grand officier de la Légion d'honneur, Rondot s'est toujours défini comme étant « au service de la République ». Respectueux de tous les pouvoirs, on ne peut l'imaginer décider, seul, de défier la justice. Il ne peut qu'avoir obéi à sa hiérarchie militaire, à un ordre émanant de la ministre de la Défense ou du chef des armées, c'est-à-dire le chef de l'État. Ce qui en soi est un scandale.

La brèche étant momentanément colmatée, le Premier ministre peut changer de stratégie. Plus question désormais de s'expliquer sur le fond. Il se réfugie dans le déni total. Il affirme à tous vents que « la tempête est passée », fait le dos rond, multiplie les visites aux personnes âgées, vient soutenir les salariés d'une filiale d'EADS menacée de fermeture – mais c'était avec l'aval des représentants de l'État au conseil d'administration ! Il affirme, en toute occasion, que la question de sa démission ne se pose pas. Il s'accroche aux bons chiffres du chômage, largement dus à l'action du ministre des Affaires sociales, Jean-Louis Borloo, reconnaît « avoir été trop vite » dans la mise en place du contrat première embauche, fait son mea culpa, tente de s'humaniser. « Les épreuves de ces derniers mois m'ont touché, m'ont changé », affirme-t-il le 1er juin, dans sa conférence de presse mensuelle. Glorieux conquérant trois mois plus tôt, le voilà qui prend une posture de chien battu, comme ce dimanche 28 mai, où il a rejoint à Clairefontaine l'équipe de France de football, en préparation pour la coupe du monde. Dominique de Villepin se confie à Vikash

Dorasoo, copieusement sifflé le samedi précédent, lors du match de préparation contre le Mexique. Il lui dit assez fort pour être entendu : « Vous savez, moi aussi je suis victime d'injustices et de rumeurs infondées. »

Cela s'appelle pédaler dans la choucroute. Dominique de Villepin tombe à 20 % de popularité dans les sondages et n'est plus soutenu – et encore provisoirement – que par le chef de l'État tombé, lui, à 17 %, un niveau record sous la Ve République. À un an du renouvellement de leur mandat, les députés le lâchent ouvertement. Au moment du vote d'une motion de censure déposée par la gauche, plus de deux cents élus UMP désertent les bancs, pour marquer leur désapprobation. Sans aller, bien sûr, jusqu'à voter la censure. Un pas que franchit cependant François Bayrou, suivi par une poignée de députés UDF. Et le 30 mai, une scène sans précédent se déroule en pleine séance, à l'Assemblée nationale. La séance de questions d'actualité touche à sa fin, quand le ministre de l'Emploi Jean-Louis Borloo répond vigoureusement à une question d'un député socialiste. C'est alors qu'un tonnerre d'applaudissements s'élève des bancs de la majorité. Debout, les députés UMP se mettent à scander : « Bor-loo, Bor-loo ! » Leur choix est fait : c'est tout sauf Villepin. Face à cette bronca, à l'écœurement et à la peur des députés de droite, le chef de l'État va persister : à cause des secrets partagés avec son Premier ministre.

Démasqué comme complice – sinon organisateur, comme je le crois – d'un complot politique qui a été à deux doigts de réussir, un complot sournois et malsain, indigne d'une véritable démocratie, Dominique de Villepin se serait honoré en donnant sa démission.

Table

DU MÊME AUTEUR

La République des loups, Calmann-Lévy, 1989, prix du meilleur livre financier ; prix de *La Vie catholique*.

Le Flambeur, la vraie vie de Bernard Tapie, avec Valérie Lecasble, Grasset, 1994.

Forages en eau profonde, les secrets de « l'affaire Elf », avec Valérie Lecasble, Grasset, 1998, prix du livre d'investigation Jacques Derogy.

Blanc comme nègre, entretiens avec Omar Bongo, Grasset, 2001.

L'Ange exterminateur, la vraie vie de Bernard Arnault, Albin Michel, 2003.

L'Arnaque, quand l'Amérique rackette la France, Grasset, 2005.

Le Fils du serpent, vie et mort du banquier Stern, Albin Michel, 2005.

Composition Nord Compo
Impression Bussière en juin 2006
Editions Albin Michel
22, rue Huyghens, 75014 Paris
www.albin-michel.fr
ISBN 2-226-17505-9
N° d'édition : 24602. – N° d'impression : 062268/4.
Dépôt légal : juin 2006.
Imprimé en France.